ENSAYO

Enrique Krauze (Ciudad de México, 1947) ha cultivado diversos géneros: historia, biografía, ensayo y crítica. Es autor de más de veinte libros, entre los que destacan: *Biografía del poder*, *Personas e ideas*, *Siglo de caudillos*, *La presidencia imperial*, *Mexicanos eminentes*, *El poder y el delirio*, *De héroes y mitos*, *Travesía liberal* y *Redentores. Ideas y poder en América Latina*. En inglés, Harper Collins ha publicado sus libros: *Mexico: Biography of power* (1997) y *Redeemers: Ideas and Power in Latin America* (2011). Desde 1985 escribe en *The New Republic*, *The New York Times* y *The New York Review of Books*. De 1977 a 1991 se desempeñó como subdirector de la revista *Vuelta* (dirigida por Octavio Paz) y desde 1999 es director de la revista *Letras Libres*, que se imprime en México y en España. Entre otros reconocimientos ha recibido el Premio Nacional de Historia en México, y en España el Premio Comillas de Biografía y el Premio Internacional de Ensayo Caballero Bonald.

Enrique Krauze

Octavio Paz
El poeta y la Revolución

DEBOLS!LLO

Octavio Paz: el poeta y la Revolución

Primera edición: marzo, 2014

D. R. © 2011, Enrique Krauze
        Todos los derechos reservados

D. R. © 2014, derechos de edición mundiales en lengua castellana:
        Penguin Random House Grupo Editorial, S.A. de C.V.
        Blvd. Miguel de Cervantes Saavedra núm. 301, 1er piso,
        Colonia Ampliación Granada, delegación Miguel Hidalgo,
        C.P. 11570, México, D.F.

www.megustaleer.com.mx

Comentarios sobre la edición y el contenido de este libro a:
megustaleer@rhmx.com.mx

ISBN 978-607-312-256-6

Impreso en México / *Printed in Mexico*

CANCIÓN MEXICANA

Mi abuelo, al tomar el café,
me hablaba de Juárez y de Porfirio,
los zuavos y los plateados.
Y el mantel olía a pólvora.

Mi padre, al tomar la copa,
me hablaba de Zapata y de Villa,
Soto y Gama y los Flores Magón.
Y el mantel olía a pólvora.

Yo me quedo callado:
¿de quién podría hablar?

Comprender a Octavio Paz

Recuerdo la mañana en que conocí a Octavio Paz. Fue el 11 de marzo de 1976, en el Panteón Jardín, cuando un grupo de amigos despedíamos al gran historiador y ensayista Daniel Cosío Villegas. Yo había leído y admirado a Paz por muchos años, y en esa ocasión, al advertir su presencia entre los cipreses, casi furtivamente me acerqué a él para proponerle la publicación en su revista *Plural* de un ensayo mío sobre el ilustre liberal recién desaparecido. Días después, mi nombre apareció junto al suyo, pero nunca sospeché que ese vínculo sería permanente.

Caminé junto a él por más de 22 años. Fui secretario de Redacción y subdirector de su gran revista, la revista *Vuelta*. Nuestro vínculo no fue el de un padre y un hijo, ni siquiera el de un maestro con un discípulo. Fue el de dos amigos que, junto con un grupo extraordinario de autores y colaboradores, construyeron una empresa cultural que sirvió a la literatura y a la libertad en décadas en las que ambas, libertad y literatura, corrieron altos riesgos.

Había una afinidad secreta y electiva en nuestro encuentro, la misma que hubo entre la década de los treinta que marcó su juventud y la de los sesenta, que marcó la mía. Como todos los participantes del Movimiento estudiantil del 68, me emocionó profundamente la solidaridad de Paz con nuestra lucha, su valiente renuncia a la embajada de la India y aquel poema inolvidable sobre Tlatelolco. En los días siguientes a la masacre, recuerdo haber leído unas declaraciones suyas en *La Cultura en México* (suplemento cultural de *Siempre!*) alentándonos a porfiar en nuestro empeño libertario. Yo guardé ese recorte como el vago presagio de un encuentro que, años más tarde y tras muchas vicisitudes, venturosamente, se dio.

Pero el Paz que encontré en 1976 no era ya un Paz revolucionario. Mejor dicho, sí lo era, pero de otro modo: su pasión crítica (ese legado de sus ancestros que vivieron para la revuelta y la rebelión, ese sueño de su propia vida, marcada por el culto a la Revolución) se volvía contra sí misma, no para negar la aspiración humana a la fraternidad, la justicia, la igualdad y la libertad sino para depurarla de la mentira en que la habían convertido las ideologías dogmáticas y los regímenes totalitarios.

Esa búsqueda de la verdad objetiva implicaba una revaloración del liberalismo democrático. Asumirlo en América Latina no era una decisión sencilla: no tenía el aura gloriosa del marxismo ni prometía la utopía. Proponía una convivencia tolerante y lúcida entre las personas, una ciudadanía activa y alerta, el presagio no de una sociedad ideal sino de una vida civilizada.

Sentado ya en el banquete de la cultura universal, reconocido por propios y extraños, en 1976, a sus sesenta y dos años, Octavio Paz no tenía necesidad alguna de fundar *Vuelta*. Como casi todos los escritores consagrados, pudo haber vivido de su pluma. Pero optó por librar una guerra difícil contra sus antiguas creencias, contra sus viejas ilusiones, contra sus fantasmas y culpas. *Vuelta* fue, en un sentido apenas metafórico, su trinchera editorial.

Aquella fue una lucha intensa y desigual, de muchas batallas —algunas memorables, otras agrias e injustas—, pero el mundo que emergió a la postre se aproximaba al que Paz previó desde su desencanto ideológico, desde su lucidez para mirar la historia. Celebró el triunfo de la democracia y la libertad, pero no bajó la guardia. Murió en abril de 1998, en su puesto de mando.

Pasaron los años. En cierto momento, me embarqué en la escritura de un libro sobre las ideas y el poder en América Latina. Lo titulé *Redentores*. Su tema de fondo es la pasión revolucionaria en nuestro continente, encarnada en doce figuras emblemáticas. En el proceso de integrarlo, advertí que me faltaba un puente entre los pensadores y actores de la revolución social en ambas mitades del siglo XX. Lo encontré en Paz. Su vida fue un poema circular —doloroso, luminoso, siempre apasionado— en cuyo largo trazo genealógico hay huellas de todas las revoluciones del mundo moderno: la Revolución francesa, las revoluciones liberales del orbe hispano, la Revolución mexicana, la Revolución rusa y sus avatares de toda índole en América Latina. Esas fueron mis razones objetivas para escribirlo, pero otro motivo más profundo me animaba. Quería conocer mejor al hombre que había encontrado en 1976. Así escribí el ensayo biográfico *Octavio Paz: el poeta y la Revolución*.

En estas páginas he querido comprender a Paz, sobre todo al Paz enfrentado a la historia de su país, de su mundo, de su siglo. Comprenderlo, no juzgarlo ni explicarlo. Quise trazar sus orígenes familiares, marcar las estaciones de su vida, dar cuenta de sus esfuerzos solitarios, interpretar el sentido interno de varios de sus libros, ensayos y poemas, seguir sus pasos por la diplomacia, identificar los instantes de exaltación y los de abatimiento, reivindicar la solidez intelectual y moral de sus posturas, la valentía de sus pronunciamientos. Quise recrear, en fin, la actitud histórica de Paz, la incandescente pasión crítica que lo animó en su obra escrita y en su obra editorial. Y en honor a la verdad, quise también reconsiderar algunas páginas autobiográficas de Paz que me parecieron inexactas.

Con todo, esta no es una biografía integral de Octavio Paz porque apenas toco el corazón de su vida: la desdicha, la pasión, la plenitud de sus amores, la dramática relación con su única hija, su práctica de la amistad. Mi reticencia no nace sólo de la discreción sino del desconocimiento: aunque circula una parte de la correspondencia de Paz con Elena Garro, su primera mujer, y han salido a la luz testimonios de su hija Helena Paz Garro, el grueso de su archivo personal permanece inédito o continúa disperso. Mientras esos y otros papeles personales no afloren a la luz, todo acercamiento a su vida íntima será no sólo fragmentario, prematuro y parcial sino acaso irresponsable.

Pero hay una zona profunda —e inadvertida— de su alma en la que me aventuré a explorar: su religiosidad, herencia de su madre y madre del sentimiento de culpa que —como explico en este libro— lo embargó al ver de frente el saldo histórico de sus ensueños revolucionarios. Extraña palabra, religión, para un hombre que se declaraba agnóstico. Pero había religiosidad en Paz, había religiosidad en el hombre cuya poesía comienza y termina con la palabra «comunión».

«Para Octavio Paz, que me enseñó la religión / de México.» Así recuerdo haberle dedicado un libro mío, para que leyera esas palabras antes del quirófano, en una última e infructuosa operación. No me refería a la religión de los mexicanos (aunque también) sino a México, como una religión. Él, mexicano antiguo, mexicano de siglos, «castellano y morisco rayado de azteca», yo mexicano nuevo, unidos por el amor a este país, su sol, sus cielos, y su trágica historia.

«Lo encuentro ahora en sueños / esa borrosa patria de los muertos. / Hablamos siempre de otras cosas.» Son palabras de Paz en «Pasado en claro», referidas a su padre. También Paz me visita en sueños, pero hablamos siempre de las mismas cosas. La literatura, la libertad.

I

En París a mitad del siglo, el poeta Octavio Paz escribe un libro sobre México. Tiene 35 años de edad y un largo itinerario de experiencias poéticas y políticas tras de sí. Luego de cumplir con sus labores diplomáticas (era segundo secretario de la embajada de México en París), dedica a su obra las tardes de los viernes y los fines de semana. Lleva seis años lejos de su país, y aunque echa de menos «el sabor, el olor de las fiestas religiosas mexicanas, los indios, las frutas, los atrios soleados de las iglesias, los cirios, los vendedores», no lo mueve sólo la nostalgia. Siempre ha sabido que su familia era un árbol que hunde sus raíces en el pasado de México. Y sabe que también en México hay «un pasado enterrado pero vivo, un universo de imágenes, deseos e impulsos sepultados». Quiere desenterrar ambos pasados entrelazados, verlos con claridad, expresarlos y liberarlos. Desde el principio de los años cuarenta se había propuesto, como otros escritores y filósofos, «encontrar la mexicanidad, esa invisible sustancia que está en alguna parte. No sabemos en qué consiste ni por qué camino llegaremos a ella; sabemos, oscuramente, que aún no se ha revelado […] ella brotará, espontánea y naturalmente, del fondo de nuestra intimidad cuando encontremos la verdadera autenticidad, la llave de nuestro ser […] la verdad de nosotros mismos». Él en París está en proceso de encontrarla. Para él esa verdad, esa llave, tiene un nombre: soledad. Aquel libro se titularía *El laberinto de la soledad*.

Nadie en México, salvo Octavio Paz, había visto en la palabra soledad un rasgo constitutivo, esencial digamos, del país y sus hombres, de su cultura y su historia. México —su historia, su identidad, su papel en el mundo, su destino— había sido, desde la Revolución, una idea fija para los mexicanos. México como lugar histórico de un encuentro complejo, trágico, creativo de dos civilizaciones, la indígena y la española, radicalmente ajenas; México como el sitio de una promesa incumplida de justicia social, progreso material y libertad; México como tierra condenada por los dioses o elegida por la Virgen de Guadalupe; México, en fin, como una sociedad maniatada por sus complejos de inferioridad. Todo eso y más, pero no un pueblo en estado de soledad. El título mismo del libro de Paz es en verdad extraño. A simple vista, comparado con un norteamericano típico, el mexicano de todas las latitudes y épocas, incluso el emigrante que vive en Estados Unidos —heredero del «pachuco» que estudió Paz en aquel libro—, ha sido un ser particularmente gregario, un «nosotros» antes que un «yo», no un átomo sino una constelación: el pueblo, la comunidad, la vecindad, la cofradía, el compadrazgo y, sobre todo, deslavada, pero sólida como las masas montañosas, la familia. Nada más remoto al mexicano común y corriente que la desolación de los cuadros de Hopper. La imagen del mexicano, hoy como hace siglos, se aproxima a un domingo de convivencia familiar en el Bosque de Chapultepec.

No para Octavio Paz. Desde muy temprano lo embargaba un agudo y permanente sentimiento de soledad y una duda sobre la propia identidad: «la angustia de no saber lo que se es exactamente». De pronto, pensó que su biografía confluía en la historia colectiva, la expresaba y se expresaba en ella. Por eso ha querido «romper el velo y ver»: «Me sentí solo y sentí también que México era un país solo, aislado, lejos de la corriente central de la historia… Al reflexionar sobre la extrañeza que es ser mexicano, descubrí una vieja verdad: cada hombre oculta un desconocido […] Quise penetrar en mí mismo y desenterrar a ese desconocido, hablar con él.»

Con el tiempo, aquel libro revelador de mitos llegaría a ser en sí mismo un mito, algo así como el espejo histórico-poético o la piedra filosofal de la cultura mexicana. Tan deslumbrantes fueron sus hallazgos sobre México, su identidad y su historia, y tan liberadores, que ocultaron su carácter de «confesión», de «confidencia», y a los ojos del lector enterraron al desconocido. Es el secreto personaje de *El laberinto de la soledad*, autobiografía tácita, laberinto de *su* soledad.

II

El tiempo comienza en los años veinte, en una gran casona de campo en Mixcoac, antiguo pueblo prehispánico y colonial al sur de la ciudad de México. Ahí se había refugiado la familia Paz desde 1914, cuando las facciones revolucionarias en pugna (por un lado los seguidores de Venustiano Carranza; por otro los de Emiliano Zapata y Pancho Villa) empezaron a ocupar de manera intermitente la capital. Han pasado varios años desde aquellos hechos. La Revolución ha terminado. Salvo Álvaro Obregón, el caudillo invicto que ocupa la presidencia entre 1920 y 1924, todos los grandes caudillos han muerto ya de manera violenta: Madero, Zapata, Carranza, Villa. La Revolución, que ha costado al país un millón de muertos, ha entrado en la llamada fase «constructiva», poniendo en marcha un generoso programa de educación creado y encabezado por el filósofo José Vasconcelos. Tímidamente, el gobierno instrumenta las reformas sociales que se habían plasmado en la Constitución de 1917: reparto agrario, leyes de protección al obrero, mayor dominio sobre los recursos naturales. Ahora, en la mesa familiar en Mixcoac, un Settembrini y un Naphta mexicanos disputan sobre el pasado y el destino del país, ligados dramáticamente al de sus propias vidas.

No un joven Castorp, sino un niño de nueve o 10 años, el futuro poeta Octavio Paz, es mudo testigo de las posturas encontradas. «El mantel olía a pólvora», recordaría medio siglo después. Y es que aquellos hombres no eran sólo figuras emblemáticas o tutelares. Eran su abuelo Ireneo Paz y su padre Octavio Paz Solórzano. El viejo liberal y el revolucionario zapatista representaban las dos caras atávicas del poder y la autoridad: «figura que se bifurca en la dualidad de patriarca y de macho. El patriarca protege, es bueno, poderoso, sabio. El macho (el caudillo) es el hombre terrible, el chingón, èl padre que se ha ido, que ha abandonado mujer e hijos».

Ireneo Paz, el patriarca, había nacido en 1836, en Jalisco. A partir de 1851 hasta 1876, su vida había sido una interminable campaña por la libertad política, llevada a cabo con la pluma y con la espada. Su medio de combate favorito era el periódico de oposición. Practicaba el género satírico con verdadero genio. Fundó el primero a los 15 años (contra el dictador Santa Anna) y defendió con otro la Constitución liberal de 1857. En 1863, graduado de abogado, sale de su natal Guadalajara hacia Colima, donde deja a su joven esposa Rosa Solórzano y a su hija Clotilde, de sólo tres meses, para incorporarse a los ejércitos de resistencia. La niña muere durante esa ausencia. Amnistiado en 1865, Paz publica en Guadalajara *El Payaso*, diario mordaz contra el Imperio cuyo ingenio divierte al mismísimo

Maximiliano. La quietud le dura poco. Al poco tiempo sufre el primero de varios confinamientos, logra la primera de sus muchas escapatorias novelescas, se incorpora a las guerrillas republicanas y termina ejerciendo labores de secretario de Gobierno en Sinaloa. Allí se entera del fusilamiento de Maximiliano y la entrada triunfal del presidente Benito Juárez a la ciudad de México (15 de julio de 1867). Era la restauración del orden republicano y liberal combatido desde 1858 por los conservadores y desde 1862 por los invasores franceses. Parecía el momento de deponer las armas, pero para el inquieto Ireneo era sólo el comienzo.

Entre 1867 y 1876, México tenía ante sí la oportunidad de ensayar en paz una vida democrática, pero los 10 años de guerra habían creado en la juventud un espíritu aventurero y levantisco. Ireneo Paz es el emblema de esa actitud. En el fondo, el problema político era la lucha entre dos generaciones. Por un lado estaban los letrados que habían rodeado a Juárez en su largo peregrinar durante la Guerra de Reforma (1858-1861) y la de Intervención (1862-1867); por otro los jóvenes militares que en esas guerras habían vencido a los conservadores y a las tropas francesas. El caudillo más notable de estos últimos era precisamente Porfirio Díaz, que en 1867 tenía en su haber 37 años y 37 batallas. Con ese historial, Díaz no se avino a esperar pacientemente su turno a la presidencia. Su principal lugarteniente intelectual en esa rebeldía sería Ireneo Paz, quien en 1867 funda dos periódicos (*La Palanca de Occidente* y *El*

Diablillo Colorado) para oponerse a la tercera reelección del presidente Juárez y adherirse a Díaz. Ambos pierden la contienda: Díaz se retira a una hacienda en Oaxaca y Paz funda un nuevo periódico que haría época: *El Padre Cobos*. El gobierno no tarda en apresarlo, y Paz debe purgar 11 meses en la cárcel de Tlatelolco, en la ciudad de México. Desde allí escribe sus jocosos y envenenados textos y «prepara a los amigos en el terreno de la Revolución». Porque ésa era la palabra mágica utilizada en México por todo movimiento político que recurría a las armas contra un gobierno que consideraba autoritario o ilegítimo. No revuelta, no rebelión: Revolución.

En 1869, apenas salido de la cárcel, Paz es un «revolucionario reincidente». El plan de un levantamiento en Zacatecas contra Juárez es obra suya. En 1870 se le confina en la cárcel en Monterrey con la intención de fusilarlo, pero escapa disfrazado de cura, se exilia en Texas y se acoge a una nueva amnistía. En 1871, vuelve a las andadas, reinicia la publicación de *El Padre Cobos*, y ya en la antesala de las elecciones presidenciales (en las que Juárez se postula nuevamente) publica contra el presidente sonetos como éste:

> ¿Por qué si acaso fuiste tan patriota
> estás comprando votos de a peseta?
> ¿Para qué admites esa inmunda treta
> de dar dinero al que en tu nombre vota?

21

¿No te conmueve, di, la bancarrota
ni el hambre que a tu pueblo tanto aprieta?
Si no te enmiendas, yo sin ser profeta
te digo que saldrás a la picota.

Sí, san Benito, sigue ya otra ruta;
no te muestres, amigo, tan pirata;
mira que la gente ya no es tan bruta.

Suéltanos por piedad, querido tata,
ya fueron catorce años de cicuta...
¡Suéltanos, presidente garrapata!

Tras la cuarta reelección de Juárez, *El Padre Cobos* es bandera de una nueva Revolución. El Plan de la Noria de noviembre de 1871, con el que Porfirio Díaz se levanta por primera
vez en armas contra su mentor Juárez, es obra de Paz, quien
deja otra vez a su familia, marcha al norte para cerrar la pinza
de la Revolución, mientras Porfirio Díaz, desde Oaxaca,
debía tomar el centro. Pero Díaz fracasa, y llega de incóg-
nito a la Sierra de Álica, en el occidente de México, donde
se encuentra a su amigo Paz. Son los dominios de uno de los
personajes más misteriosos de la historia mexicana, el cacique Manuel Lozada, que asolaba con sus huestes indígenas a la
ciudad criolla de Guadalajara. Allí, conspirando con Lozada,
en julio de 1872 sorprende a ambos la súbita muerte del presidente Juárez. Paz y Díaz se acogen a una nueva amnistía.

En 1873 *El Padre Cobos* da inicio a una tercera época de oposición radical al gobierno de los letrados. Es su época dorada. Una fiesta de maledicencia y crítica. El ambiente político es de plena libertad (fueron los años felices de José Martí en México), pero ninguna libertad sacia a Paz. Además de sus sátiras implacables y sus diálogos desternillantes, a cada número lo presidía un soneto mordaz de Ireneo y una caricatura del pícaro «Padre Cobos» —su *alter ego*— apretando el pescuezo del pobre presidente Sebastián Lerdo de Tejada, que manotea desesperado hasta sacar la lengua. Dueño ya para entonces de una imprenta propia, Paz ha publicado su primera novela histórica (sobre la Conquista), así como un exitoso *Álbum de Hidalgo*, comedias, juguetes teatrales, poesías. Al aproximarse el tiempo de las nuevas elecciones (1876), como era su costumbre, Paz vuelve a conspirar. Las caricaturas son motivo de cárcel: «en un oscuro calabozo alumbrado por la poca luz que penetra por la pequeña claraboya abierta en la puerta, yace nuestro compañero Paz, enfermo ya por tan duro tratamiento…» Pero los dardos no cesan. Y el ciclo revolucionario se repite en casi todos los puntos. Acompañando de nueva cuenta a su caudillo Porfirio, Paz es el autor de la versión original del Plan de Tuxtepec, soporta 57 días de cárcel y un destierro en Brownsville y La Habana, pero esta vez la Revolución triunfa. A fines de 1876, Porfirio Díaz entra a la capital, convoca a elecciones que por supuesto gana. Con el breve paréntesis de 1880 a 1884, Porfirio Díaz permanecería en el poder hasta 1911.

Por su parte, tras 13 años ininterrumpidos de andar en el tiroteo, y en «consonancia con la época en que todo estaba por reconstruir», su fiel amigo Ireneo depondría también las armas. Había alcanzado el título de coronel.

Comparadas con la que estaba por iniciar Porfirio Díaz, las «dictaduras» de Juárez y Lerdo habían sido un juego de niños. Paz justificaría su adhesión al régimen por la obra material que presidiría su amigo. México dejaba atrás la era de las revoluciones, las guerras civiles, las intervenciones extranjeras, para entrar en una larga y sostenida época de «Paz, orden y progreso»: tendido de miles de kilómetros de ferrocarriles, construcción de puertos, explotación de minas y yacimientos petroleros, desarrollo agrícola e industrial, crecimiento del comercio exterior, todo en el marco de una especie de monarquía absoluta con ropajes republicanos. Igual que México, Ireneo sentó cabeza e introdujo en su vida orden y progreso. En 1877 funda el diario *La Patria* que, con suplementos ilustrados y un famoso almanaque anual, aparecería ininterrumpidamente hasta agosto de 1914. Un solo elemento de aquella nueva etapa faltó en la vida del aguerrido Paz: justamente el inscrito en su apellido, la paz. En 1880, al acercarse las elecciones presidenciales, como si su historia revolucionaria le pasara la cuenta, entabló un duelo con el joven poeta Santiago Sierra. El coronel mató al poeta y el hecho de sangre le pesaría siempre: «Usted no sabe lo que es llevar a cuestas un cadáver toda la vida», dijo alguna vez a unos jóvenes que intentaban liarse a duelo.

Aquel episodio atenuó en él todo vestigio de belicosidad y lo orientó definitivamente hacia la labor editorial y la literatura. En vez de hacer la guerra, Ireneo se dedicó a «hacer patria» a través de la letra impresa. Su ambición, no del todo lograda, fue convertirse en el Benito Pérez Galdós de México. Tras publicar en 1884 *Algunas campañas* (sus amenas memorias revolucionarias), comenzó una serie de *Leyendas históricas* que arrancaron con la Conquista, siguieron con los personajes políticos del siglo XIX (Santa Anna, Juárez, Maximiliano, Lozada, Díaz) y culminarían con los perfiles de algunos revolucionarios en el siglo XX. Su trabajo era paralelo al de los autores de la magna colección *México a través de los siglos* (1884): afianzar la conciencia histórica de México mediante la construcción de su panteón cívico. En un momento obtuvo la concesión de imprimir el *Diario de Debates* del (más que obsecuente) Congreso. El éxito de sus libros y proyectos editoriales se reflejó en su vida familiar y su prosperidad material. Aunque viudo y ensombrecido por la muerte de su primogénito Carlos, le sobrevivían dos hijas (Rosita y la sensible Amalia, soltera y amante de la literatura, que lo acompañó toda la vida) y sus hijos Arturo y Octavio, el menor de todos, nacido en 1883. No dudaba en apoyar a Díaz, el «gobernante que ha sabido sacar, de entre los escombros casi, una nacionalidad respetable».

Hacia 1910 el patriarca presintió la vuelta del pasado telúrico, el del país y el suyo propio. Aunque su primera reacción fue reprobar la «estúpida revolución» que anunciaba el líder antirreeleccionista Francisco I. Madero, el recuerdo de sus propias campañas al lado de Porfirio Díaz contra Juárez y Lerdo, y la memoria de los años en que dejó trabajo y familia para lanzarse a la aventura política, despertaron al rebelde que había sido. ¿No había sido suya la frase: «Sufragio efectivo, no reelección», enarbolada por Porfirio en la Revuelta de la Noria? *La Patria* tomó sus distancias del dictador y acentuó sus ataques a la arrogante élite política que lo rodeaba, conocida como «los Científicos». Por esas posturas, a sus 75 años, don Ireneo fue a parar a la cárcel de Belén. El 7 de junio de 1911, día de la entrada de Francisco I. Madero a la ciudad de México, *La Patria* —dirigida interinamente por su hijo, Octavio Paz Solórzano— anunciaba en un gran titular, con la foto del líder triunfante: «ECCE HOMO, tenía que triunfar y triunfó».

Pero una cosa era la libertad electoral y otra, muy distinta, la amenaza de la revolución encabezada por Emiliano Zapata, lucha que no cesó con el triunfo político de Madero. Acaso don Ireneo la vinculaba en su memoria con las huestes indígenas de aquel «Tigre de Álica», protagonistas de una guerra étnica en el occidente de México. *La Patria* fustigó a Emiliano Zapata llamándolo el «tristemente célebre Atila del Sur», y a sus soldados «chusmas alzadas», «gruesas bandas de endemoniados» de las que el «suelo patrio» debía «purgarse». Al sobrevenir el asesinato de Madero (22 de febrero de 1913), sus páginas editoriales llegaban a una convicción escéptica: «el pueblo mexicano no comprendió la libertad, ni acertó a disciplinar su carácter». Sólo la educación liberal resolvería en el largo plazo el problema político del país. Entre tanto, no tuvo empacho en apoyar al régimen militar del general Victoriano Huerta, que mediante un golpe de Estado había depuesto a Madero.

* * *

A comienzos del siglo xx, la gran casa de campo de Ireneo Paz en Mixcoac era un fiel reflejo de la paz porfiriana: tenía frontón, boliche, alberca, billar, quioscos y hasta un jardín japonés. La vida activa transcurría en México. Su imprenta ocupaba la planta baja de su casa en la calle del Relox, muy cerca del Palacio Nacional, y en ella (en sus prensas y su redacción) se adiestraba el joven estudiante Octavio Paz Solórzano mientras terminaba el bachillerato y se matriculaba en la Escuela de Leyes. La perspectiva, abierta por Porfirio Díaz en 1908, de no reelegirse y permitir el surgimiento de partidos y la realización de elecciones libres, había orientado las simpatías del joven Paz (y acaso del propio Ireneo) hacia la figura del prestigiado general Bernardo Reyes, que finalmente decepcionó a sus seguidores aceptando una comisión de Díaz en Europa. El joven Paz celebraría la revolución política de Madero, pero había otra revolución que lo atraía más. La que le permitiría ser más revolucionario que su padre.

En abril de 1911, cuando ascendía apenas la estrella de Emiliano Zapata, «el Güero» Paz viajaba por la zona de Zumpango, en el estado de Guerrero, para ver la acción. Aunque la revuelta inicial había terminado, Paz toma buena nota de los hechos en aquella etapa temprana de la Revolución del sur para narrarlos muchos años después. Es el primer anuncio de su próxima incorporación a la revolución zapatista. Tras la renuncia de Díaz (25 de mayo de 1911), Octavio organiza la recepción estudiantil a Madero en la ciudad de México y un fugaz Centro Liberal de Estudiantes, que en las elecciones de agosto buscaba apoyar de nueva cuenta a Bernardo Reyes. En agosto de ese año, las elecciones más limpias de la historia mexicana dan el triunfo a Madero. Por su parte, Paz Solórzano se recibe de abogado con una tesis sobre la libertad de prensa, tema íntimamente ligado a la vida de Ireneo.

El triunfo de la democracia parecía el presagio de una vida tranquila para el joven abogado: en 1911 publica un «Novísimo manual del elector», consolida su despacho, se casa con Josefina Lozano («Pepita», la joven y hermosa hija de un viñatero andaluz que había conocido en Mixcoac) y con ella viaja al puerto de Ensenada, Baja California, donde ocupa puestos dependientes del Ministerio de Justicia, encabezado por Jesús Flores Magón, hermano del gran luchador anarquista Ricardo Flores Magón. Pero ni los tiempos ni el carácter del joven abogado propician la vida pacífica. Ha tenido pleitos casi a muerte con el prefecto porfirista de Mixcoac y volverá a tenerlos con algún cacique de Ensenada. Igual que su padre, es hombre de armas tomar.

En 1914 la joven pareja ha vuelto a la ciudad de México. El 31 de marzo de 1914, mientras en la ciudad de Torreón luchan encarnizadamente las fuerzas federales de Victoriano Huerta contra los ejércitos villistas, en la ciudad de México corren rumores sobre la «muerte casi segura del feroz Emiliano Zapata», la redacción de *La Patria* recibe una noticia que anunciará el día siguiente «con toda felicidad»: el «primer alumbramiento de la esposa del Lic. Octavio Paz, hijo de nuestro director, dando a luz un robusto infante». Se llamaría Octavio, como su padre, y pasaría su infancia al lado del octogenario patriarca, porque, repitiendo el destino de don Ireneo, a los pocos meses el padre dejaría a su mujer y su hijo y «se iría a la Revolución». El niño ha nacido entre las llamas: en Europa estalla la Gran Guerra y México vive los prolegómenos de una feroz guerra civil entre las fuerzas revolucionarias que habían apoyado a Carranza y los ejércitos populares de Villa y Zapata. Siguiendo los pasos de su amigo y maestro Antonio Díaz Soto y Gama (abogado anarquista y consejero de Zapata), el licenciado Paz llega a pie hasta el campamento zapatista en el estado de Morelos. No regresaría a su hogar sino hasta seis años después.

El 5 de agosto de 1914, don Ireneo condesciende —seguramente a instancias de su hijo— a publicar un «gran documento para la historia»: nada menos que el «Plan de Ayala», programa de restitución de tierras a los campesinos que era casi un evangelio para Zapata. Tres semanas más tarde, las tropas del general Pablo González (poderoso militar de la fracción carrancista) irrumpen en la imprenta y la confiscan. El 26 de agosto de 1914 aparece el último número de *La Patria*, el 11 767. Don Ireneo, que desde mayo había advertido a sus lectores sobre sus penurias económicas, sufre un derrame cerebral, pero convalece en la finca de Mixcoac, al cuidado de su hija Amalia. Lo acompañarán muy pronto su nuera «Pepita» y su pequeño nieto Octavio.

*   *   *

A partir de 1915 la Revolución encendió al país, pero no volvió a violentar a la ciudad de México. Riguroso, ordenado, atlético, sarcástico, resignado, don Ireneo –llamado por los niños «Papa Neo»– vivió 10 años más. Al sonoro rugir de un clarín, congregaba a su familia (su hija Amalia; su hijo Arturo, con mujer e hijos; su nuera Josefina y el niño Octavio) para comer. Aunque cultivaba hortalizas, inquieto siempre, a veces se ausentaba. Su nieto lo acompañaba en algunas de esas campañas: una visita semanal a casa de la madre de la actriz de moda, Mimí Derba, que lo mimaba; o el cobro de algunas rentas. Otro lugar de encuentro era la biblioteca, que contenía joyas de literatura e historia francesa, en particular sobre la Revolución, y álbumes con imágenes de sus héroes políticos y literarios: Mirabeau, Danton, Lamartine, Victor Hugo y Balzac. Tal vez fue en ese altar cívico, entre retratos de Napoleón y de liberales españoles como el general Prim y Emilio Castelar, donde el nieto lo escuchó hablar de sus campañas en las guerras de Reforma e Intervención y sus sublevaciones contra Juárez y Lerdo de Tejada. Era un conversador prodigioso.

Murió sin agonía la noche del 4 de noviembre de 1924. Su hijo Octavio, que para entonces tenía un puesto en el gobierno de Morelos, no alcanzó a llegar al sepelio. El duelo, dicen las crónicas, tuvo que presidirlo su nieto, Octavio Paz Lozano, «joven» de sólo diez años. Del abuelo le quedarían muchos recuerdos: las caminatas de su mano por Mixcoac, sus «chaquetas de terciopelo oscuro suntuosamente bordadas», sus anécdotas y leyendas. Todo ello permanecería fijo en la memoria, como las estampas de Gustave Doré, que ojeaba con él.

> […] Al primer muerto nunca lo olvidamos,
> aunque muera de rayo, tan aprisa
> que no alcance la cama ni los óleos…

La casa de Mixcoac se volvió espectral. Vivían en ella el padre casi siempre ausente, la madre Josefina y la tía Amalia que guió los primeros pasos de aquel niño de ojos azules, retraído y tímido aunque juguetón, y particularmente sensible a las resonancias de las palabras. («¿Por qué calcetín no es el nombre de una campanita?», preguntó de niño.) A la soledad del hijo único, abandonado en su primera infancia por el padre revolucionario y ahora abandonado para siempre por el patriarca «que se fue en unas horas / y nadie sabe en qué silencio entró», se sumarían las «crepusculares cofradías de los ausentes»: «En mi casa los muertos eran más que los vivos.»

Con el transcurso de los años su refugio fue la biblioteca de «Papa Neo», donde rodeado de retratos leyó sus novelas, poemas y leyendas históricas y guardó sus álbumes, libros, manuscritos, obras inéditas. La libertad política había sido el tema central de don Ireneo, el motivo de todas sus campañas revolucionarias. Su labor como escritor y editor —sus periódicos, sus sonetos y sus libros— había sido, a fin de cuentas, su mejor arma de combate y su forma de «hacer patria». Terminó sus días pensando que «la Revolución había sustituido la dictadura de uno, el caudillo Díaz, por la dictadura anárquica de muchos: jefes y jefecillos».

En los obituarios, la prensa lo recordó como lo que era, «el decano del periodismo», «uno de los más esforzados paladines del liberalismo». Había vivido el siglo XIX de punta a punta: de la guerra a la paz, de la paz a la guerra. Fue el último sobreviviente de su época, el último liberal.

III

Pasada la Revolución, en aquellas discusiones de sobremesa, Octavio Paz Solórzano se quejaba de que su padre Ireneo Paz «no entendía a la Revolución». Y es que para él la Revolución no era un asunto meramente político o una inocente reivindicación de la libertad. La Revolución era otra cosa: una expresión festiva y violenta del subsuelo de México, una exigencia armada de justicia e igualdad. Y la verdadera Revolución era aquella a la que él, Octavio Paz Solórzano, le había entregado los seis años decisivos de su vida: la Revolución del jefe Zapata.

Se había incorporado hacia septiembre de 1914 trabajando como enlace entre las fuerzas villistas y zapatistas. Llegó fugazmente a ver acción en la zona del sur de la ciudad de México, incluida la de Mixcoac, que tan bien conocía. Durante la ocupación de la capital por la Convención dirige un periódico que luego le es arrebatado por los villistas. A principios de 1915 abandona la ciudad junto con el gobierno trashumante de Eulalio Gutiérrez, que más tarde, bajo el mando de Francisco Lagos Cházaro, se establece en Cuernavaca y Jojutla. En los diarios locales discurre la idea de una Comisión para representar al zapatismo en Estados Unidos y contrarrestar su mala prensa internacional. La Convención acepta el proyecto. En abril de 1917, Paz visita al «jefe Zapata» en su cuartel general de Tlaltizapán para concretar su nombramiento. Zapata lo recibe comiendo sandías (que solía cortar de un tajo, con un machete), y comparte anécdotas que el joven abogado retiene en la memoria para escribirlas después en su biografía del héroe.

Tiene fe en su encomienda, pero lo cierto es que era tarde para la causa. Su primer y largo despacho, escrito a salto de mata, es un compendio de estoicismo, entusiasmo y candidez: «me quedé sin comer en varias ocasiones e hice el recorrido a pie […] no me desanimé un solo instante [… iba] casi solo, desarrapado, pues la ropa que llevaba yo estaba hecha girones, y hambriento…», escribía a Zapata desde Chiautzingo, en el estado de Puebla:

Con todas las poblaciones del tránsito, vine haciendo propaganda en diferentes formas, y a muchos Jefes Militares les hice manifiestos, para que dieran a conocer al pueblo, la traición de los Carrancistas y la razón que nos asiste, también procuré inculcar a todos los campesinos con quienes hablé, el derecho que tienen a la tierra, y me cabe la satisfacción de decirle, que en Guerrero y Puebla casi está repartida la tierra, pues si bien es cierto, que no se ha hecho de una manera perfecta, sí muchos pueblos, han entrado en posesión de las tierras que les pertenecen, conforme al artículo sexto del Plan de Ayala...

Y como para convencerse a sí mismo, agrega con inocencia: «La situación militar es muy favorable a nosotros, pues los carrancistas sólo tienen en su poder las vías férreas, los puertos y las capitales... se anuncia por todas partes que salen Carranza, Obregón y Luis Cabrera [...] Wilson no sabe qué hacer y está dando palos de ciego [...] se aproxima nuestro anhelado triunfo».

Volvería a vivir las peripecias, los riesgos y privaciones de don Ireneo, pero nunca tuvo su buena fortuna. En San Antonio conspiró inútilmente por un año. Sus cartas trasminaban frustración, desconcierto, amargura, casi desamparo. No faltó quien informara al cuartel general de su caída en el alcoholismo, mal que lo aquejaría agudamente hasta su muerte. Todos los planes de apoyar a la Revolución del sur desde Los Ángeles habían fracasado. Su conspiración para atacar Baja California había sido descubierta. Su cargamento de armas, confiscado. Poco después de la muerte de Zapata (10 de abril de 1919), estableció junto con su amigo el doctor Ramón Puente (biógrafo de Villa) la compañía O. Paz y Cia. Editores, que dio a la luz el periódico *La Semana*, donde publicaron los más notables exilados mexicanos, entre ellos el filósofo José Vasconcelos. Por un breve tiempo, recibió la visita de su mujer y del pequeño Octavio, que había dejado a los tres meses de edad. La labor editorial lo animaba, pero su tono no deja de ser sombrío: «Yo he estado en este país, enteramente solo y sin recursos de ninguna clase y en varias ocasiones atado de pies y manos», escribía a su compañero de armas Jenaro Amezcua. Y, sin embargo, seguía empeñado en buscar la unidad de los exilados y quiso sacar de la cárcel a Ricardo Flores Magón. En mayo de 1920, el periódico deja de aparecer por falta de financiamiento. Paz vive inmerso en la incertidumbre. Al estallar la rebelión de Agua Prieta, en la que los generales sonorenses comandados por Obregón desconocieron a Carranza, no puede echar las campanas a vuelo. ¿Por qué se omitía toda idea de reivindicación agraria? ¿Por qué no aparecía ningún «elemento suriano»? ¿Cómo sería la alianza de la revolución con los generales que habían combatido a Zapata? «El triunfo de la revolución, de la verdadera revolución, va para largo...» Por fin, en junio de 1920, tras seis años de *revolucionar*, el licenciado Paz vuelve a la casa paterna en Mixcoac.

Durante los dos cuatrienios de la llamada «Dinastía sonorense», Álvaro Obregón (1920-1924) y Plutarco Elías Calles (1924-1928), Paz intentó construir una carrera política. Por fidelidad a su jefe Zapata (cuyo tercer aniversario mortal en abril de 1922 recordó con un largo escrito biográfico), fue fundador del Partido Nacional Agrarista. Como diputado de esa agrupación promovió legislaciones protectoras de campesinos y obreros y compiló atropellos de los hacendados a los campesinos en todo el país.

Más tarde fue secretario de Gobierno y encargado del despacho en el estado de Morelos. Pero a la postre todas sus apuestas políticas resultaron equivocadas. En julio de 1928, el general Álvaro Obregón, ya reelecto, se enfilaba a un nuevo periodo de cuatro años, pero fue asesinado. Junto con él cayó en desgracia el Partido Nacional Agrarista, que era su principal brazo político. Y cayó también Octavio Paz Solórzano, uno de sus dirigentes.

Entre 1929 y 1934, México tuvo tres presidentes pero un solo «Jefe Máximo», el general Plutarco Elías Calles. Sin deseos ni posibilidades de reelegirse, Calles —que había fundado el Banco de México, el Banco de Crédito Agrícola— creó en 1929 el PNR, el partido hegemónico que transformado en el PRM (1938) y el PRI (1946) gobernaría al país hasta fines del siglo XX. Paz Solórzano no encontró ya sitio en ese orden. Decepcionado de la política, retomó francamente la vocación periodística y editorial que había aprendido de don Ireneo: en 1929 publicó en diarios, suplementos dominicales y revistas las historias y anécdotas de *su* revolución, la zapatista, bosquejos literarios e históricos que representaban una fuente de primera mano para el conocimiento del zapatismo, sobre todo en su etapa inicial, antes de 1915. Por sus páginas desfilan vívidamente personajes, actitudes, episodios, anécdotas significativas; se escuchan diálogos, dichos, lenguajes, tiroteos, corridos. Y aquí y allá aparece Zapata, milagrosamente cerca:

Zapata se divertía grandemente invitando para que se bajaran a torear […] a individuos remilgosos… siendo por lo regular revolcados, lo que producía a Zapata gran hilaridad. Lo hacía para ponerlos en ridículo: comprendía que no sentían la Revolución…

Él sí la había sentido. Por eso su tema central siguió siendo muy distinto al de Ireneo: no la libertad sino la justicia social. Y en el fondo de la justicia social veía una justicia histórica con el México indígena: «los postulados básicos de la Revolución —escribió entonces—, especialmente en materia agraria, datan desde los primeros pobladores de México».

Entre 1930 y 1931, Paz Solórzano compila con mucho trabajo y poco éxito un *Álbum de Juárez* (inspirado en el que Ireneo había editado sobre Hidalgo) y continúa también la tradición del abuelo al escribir una *Historia del periodismo en México*. Su pasión era ser el «abogado del pueblo». Por eso en su bufete, recién abierto luego de dos décadas, se empeñó en defender —muchas veces sin cobrarles— a los campesinos de los pueblos de Santa María Aztahuacán, Santa Martha Acatitla y Los Reyes, todos en el poniente de la ciudad de México. Quiso seguir con ellos la fiesta, la borrachera interminable de la Revolución, subirse de nuevo al tren de la Revolución, «hombrearse» con la muerte y quizá morir entre ellos, como se moría en la Revolución. La Revolución lo había arrebatado en 1914, ¿había vuelto alguna vez?

* * *

La firma del poeta Octavio Paz se parece a la de su padre: la misma O abierta y sin remate, el mismo ritmo, la misma inclinación. ¿Cuántas veces habría visto esa rúbrica en los papeles de O. Paz y Cia. Editores? Pero lo cierto es que la presencia intermitente del padre no alivió la experiencia de la soledad. El primer encuentro real entre ambos había ocurrido en Los Ángeles. Nuevo rostro de la soledad, la soledad como extrañeza en un país y un idioma ajenos. De vuelta a México, inscrito en los buenos colegios confesionales y después laicos de Mixcoac y México, otra vuelta a la tuerca de la extrañeza. Por su aspecto físico, los otros niños lo confundían con extranjero: «yo me sentía mexicano pero ellos no me dejaban serlo». El propio Antonio Díaz Soto y Gama, protagonista del zapatismo y compañero de su padre, exclamó al verlo:

«Caramba, no me habías dicho que tenías un hijo visigodo.» Todos menos él se rieron de la ocurrencia.

A su madre Josefina –que a menudo dejaba escuchar los cantos del terruño andaluz– la tuvo presente hasta su muerte, ya muy anciana, en 1980: ella mitigaba el desamparo, el hueco, la carencia. No sólo su madre, también su tía Amalia, quien lo inició en la literatura. (Amalia había sido amiga del mayor escritor del modernismo mexicano, el poeta y cronista Manuel Gutiérrez Nájera.) Años más tarde, las mujeres que amó –a menudo de manera intensa y atormentada– le abrieron la puerta hacia su temprana vocación, la poesía.

El padre, en cambio, no era puerta de salida sino muro de silencio. El hijo hubiera querido compartir su soledad, comulgar con él, poner la vida en claro. «Casi me era imposible hablar con él –confesó medio siglo después– pero yo le quería y siempre busqué su compañía. Cuando él escribía, yo me acercaba y procuraba darle mi auxilio. Varios de los artículos suyos yo los puse en limpio, a máquina, antes de que él los llevara a la redacción. Ni siquiera se daba cuenta de mi afecto, y me volví distante. La falla de mi padre, si es que la tuvo, es que no se dio cuenta de ese afecto que yo le daba. Y es muy probable que tampoco se diera cuenta de que yo escribía. Pero nada le reprocho.»

Los textos que el hijo ponía «en limpio» eran precisamente aquellos artículos zapatistas del padre. Aunque no reconocido por futuros estudiosos del zapatismo, Paz Solórzano fue el primer historiador del zapatismo y el primer guardián de su memoria. Ahí, en la devoción por el zapatismo se fincó, en silencio, un vínculo permanente. Ahí sí había sido testigo y compañero de su vida. Fue su padre quien lo acercó al «verdadero México», el de los campesinos zapatistas, y quien lo inició en el conocimiento de la *otra* historia de México, enterrada pero viva: «Cuando yo era niño visitaban mi casa muchos viejos líderes zapatistas y también muchos campesinos a los que mi padre, como abogado, defendía en sus pleitos y demandas de tierras. Recuerdo a unos ejidatarios que reclamaban unas lagunas que están —o estaban— por el rumbo de la carretera de Puebla. Los días del santo de mi padre comíamos un plato precolombino extraordinario, guisado por uno de ellos: era "pato enlodado", rociado con pulque curado de tuna.»

Pero todo aquello tenía su lado oscuro: «mi padre tuvo una vida exterior agitada: amigos, mujeres, fiestas, todo eso que de algún modo me lastimaba aunque no tanto como a mi madre». Medio siglo después, los campesinos de Santa Martha Acatitla, a quienes el abogado Paz defendía en sus querellas por la tierra, lo recordaban como un «santo varón»: «¡Claro que me acuerdo del licenciado Octavio Paz! Hasta parece que lo estoy viendo llegar por allá. Sonriendo y con una hembra colgada en cada brazo […] sí le digo que don Octavio era buen gallo. Le encantaban las hembras y los amigos no le escaseaban.» Para aquel «abogado del pueblo», visitar cotidianamente Acatitla —«lugar de carrizo o carrizal»— era volver al origen, «revolucionar», tocar de nuevo la verdad indígena de México, comer chichicuilotes, atopinas, tlacololes, acociles, atepocates, cuatecones —dieta de siglos—, andar con la palomilla, brindar por Zapata, oír corridos «que todos repetían con gusto y con gritos», buscar «un buen trago de caña y beber el garrafón con mucha alegría», ir de cacería de patos en la laguna, llevárselos a sus queridas, a sus «veteranas». Y, sobre todo, andar en las fiestas: «a don Octavio le entusiasmaban las fiestas de pueblo donde corría el buen pulque —recordaba el hijo de Cornelio Nava, el amigo de Paz—. Y qué pulque, señor. Espeso y sabroso... Con Octavio Paz Solórzano anduvieron por aquí personajes (famosos como) Soto y Gama [...] Ah, y casi lo olvidaba: su hijo, el escritor que lleva su nombre. Él era entonces un niño, pero aquí anduvo».

En el fondo de su memoria yacía, sepultado, el recuerdo más terrible. Los hechos ocurrieron el 8 de marzo de 1936. Era, claro, «el día de fiesta en Los Reyes-La Paz —recordaba Leopoldo Castañeda— y ahí llegó el licenciado directamente. Dicen que cuando el percance, alguien lo acompañaba». Un tren del Ferrocarril Interoceánico le quitó la vida.

«Tan espantosamente fue despedazado el cuerpo que los restos [...] recogidos piadosamente [...] fueron traídos en un costal a su domicilio en las calles del Licenciado Ireneo Paz 79 en Mixcoac.» *El Universal* daba cuenta del rico archivo histórico que tenía el abogado, además del de su padre, y anotaba la existencia de un valioso diario histórico que llevaba. El joven Paz llegó a pensar que se trató de un crimen. Las autoridades citaron a aquel acompañante, pero nunca se presentó. No faltaría quien creyera que se trató de un suicidio. Se decía que unos indios habían recogido la cabeza a 500 metros del cuerpo. Poco tiempo después, Octavio se enteró de que tenía una hermana.

Así, «hombreada con la muerte», se acalló la borrachera mexicana, la fiesta mexicana de Octavio Paz Solórzano, ese licenciado «tan simpático que hasta sin quererlo hacía reír», pero tan sombrío en sus fotos finales. «Lo relegué al olvido —confesaba Paz medio siglo después, corrigiéndose de inmediato—, aunque olvido no es la palabra exacta. En realidad siempre lo tuve presente pero aparte, como un recuerdo doloroso.» En 1936 apareció una *Historia de la Revolución Mexicana* cuyos capítulos sobre el zapatismo eran obra de Paz Solórzano. El zapatismo había sido la pasión redentora en su vida. Y a 10 años de su muerte, el hijo lo recordó con dolor en su «Elegía interrumpida», como un alma errante:

De sobremesa, cada noche,
la pausa sin color que da al vacío
o la frase sin fin que cuelga a medias
del hilo de la araña del silencio
abren un corredor para el que vuelve:
suenan sus pasos, sube, se detiene…

Y alguien entre nosotros se levanta
y cierra bien la puerta.
Pero él, allá del otro lado, insiste.
Acecha en cada hueco, en los repliegues,
vaga entre los bostezos, las afueras.
Aunque cerremos puertas, él insiste.

IV

El legado estaba implícito: si el patriarca liberal y el caudillo zapatista habían sido revolucionarios, el nieto debía ser más revolucionario que ambos. La aventura comenzó en 1929, a sus 15 años, sumándose a las manifestaciones (y encarcelamientos) de los estudiantes mayores que apoyaban la autonomía universitaria y veían con simpatía la candidatura presidencial de un amigo de su padre, el filósofo y educador José Vasconcelos. Vasconcelos era el ídolo de la juventud. Como secretario de Educación Pública (1921-1924) había sido el caudillo cívico de una memorable verdadera cruzada que había llevado el alfabeto, el arte y los libros a todo el país. En 1929 la juventud apoyó su candidatura, hecha sobre una plataforma sencilla: la purificación moral de la Revolución mexicana, corroída por el militarismo y la corrupción. Vasconcelos fue derrotado debido al primer fraude electoral del partido oficial en su larga historia. Los jóvenes quedaron devastados. Uno de ellos, José Alvarado, recordaría: «México vivía entonces horas dramáticas. La Revolución detenida y traicionada, un aire de confusión en todos los ámbitos y su juventud vencida con malas artes en la contienda de 1929, desesperada y oprimida. Todas las voces superiores quedaron dispersas y disueltos los mejores propósitos. El mundo aparecía gris, con los ecos de la crisis norteamericana, el triunfo del fascismo en Italia, los vientos precursores de Hitler y las disputas de las grandes potencias.» Los estudiantes se radicalizaron a la izquierda.

En 1930, Octavio Paz Lozano ingresa a la más prestigiosa escuela pública de México, la misma que había educado a su padre, la Escuela Nacional Preparatoria. En aquel edificio noble y emblemático, sede del antiguo colegio jesuita de San Ildefonso, Diego Rivera y José Clemente Orozco habían pintado –por iniciativa de Vasconcelos– sus célebres murales: el *Evangelio* y el *Apocalipsis*, respectivamente, de la Revolución mexicana. Algunos amigos los recuerdan discutiendo acaloradamente con sus maestros sobre la injusticia rural y la desdicha campesina. (Acababa de «pasar en limpio» sus artículos zapatistas.) Junto a un estudiante anarquista, el catalán José Bosch, lleva a cabo protestas académicas, asiste a manifestaciones antiimperialistas y sufre alguna detención, de la que los salva el abogado Paz Solórzano. Bakunin, Fourier y los anarquistas españoles son sus primeros maestros. Pero pronto es «recuperado» (como se decía entonces) por el marxismo. El estudiante Paz se afilia a la Unión de Estudiantes Pro Obreros y Campesinos, cuyo objetivo era establecer misiones educativas en el campo y la ciudad. (Frida Kahlo participa también en la UEPOC, al tiempo que Diego Rivera pinta

45

cuadros con la hoz y el martillo en la Secretaría de Educación Pública.) Paz es también vocal de un efímero Partido Radical Preparatoriano.

En 1931, la librería Pedro Robredo —la principal en la ciudad de México, situada a una calle de la Escuela Nacional Preparatoria— ofrecía a la venta una veintena de novedades, casi todas rusas: *Anarquismo y socialismo* de Plejánov, *El manifiesto comunista* de Marx y Engels, *Escritores de la Rusia revolucionaria*, *Rusia en 1931* de César Vallejo, *El Estado y la Revolución* de Lenin, etc. Paz y sus amigos leyeron algunos de esos libros y, como casi toda su generación estudiantil en América Latina, se identificaron con *Sachka Yegulev*, el estudiante heroico de la novela de Leonidas Andreiev, que ofrece su vida por la Revolución.

Se llaman a sí mismos *tovarich* o camaradas y algunos hasta visten a la usanza bolchevique, pero muy pocos entre ellos se incorporan verdaderamente a la militancia comunista, que el gobierno del «Jefe Máximo» —luego de una breve luna de miel con la URSS— ha proscrito. El más radical de esos muchachos parecía predestinado: había nacido el 20 de noviembre de 1914 (aniversario del inicio de la Revolución mexicana) y llevaba el designio en su apellido: se llamaba José Revueltas. Entre 1930, cuando se afilia al Partido Comunista, y 1935, cuando visita la URSS como delegado al VII Congreso del Partido, Revueltas sufriría dos confinamientos en la prisión de Islas Marías en el Pacífico. Seguirían muchos otros a lo largo de su vida.

Revueltas asumió su militancia con un fervor religioso. Su espíritu de sacrificio y su disposición a reconocer el dolor ajeno y soportar el propio se trasmutaron, en su momento, en novelas estremecedoras. Su vida se entrelazaría muchas veces con la de su amigo Paz.

Otro amigo de Paz, el poeta Efraín Huerta, evocaría así la atmósfera de esos años febriles: «Nos juntaba una luz, algo semejante a una comunión»:

> [...] Éramos como estrellas iracundas:
> llenos de libros, manifiestos, amores desolados.
>
> [...] Después,
> dimos venas y arterias, lo que se dice anhelos,
> a redimir al mundo cada tibia mañana;
> vivimos
> una lluvia helada de bondad.
> Todo alado, musical, todo guitarras
> y declaraciones, murmullos del alba,
> vahos y estatuas, trajes raídos, desventuras.
> Estaban todos —y todos construían su poesía.

Paz participa del fervor, pero su vía hacia la Revolución no desembocó —como Revueltas y Huerta— en una militancia comunista formal. Nacido entre libros y prensas, se inicia muy pronto en la vida editorial y las letras combatientes. En agosto de 1931 da a luz la revista literaria *Barandal*, que comprendió siete números, de agosto de 1931 a marzo de 1932. Allí publica sus primeros poemas que oscilan entre el juego y la desolación. «Fuimos espectadores alucinados de *Barandal*», escribe Huerta. «Todos teníamos la ilusión de poseer una revista nuestra –recuerda otro joven, Rafael Solana– […] nos quedamos paralizados de admiración, de estupor cuando un amigo, Octavio Paz, sacó la suya… pequeña, de poco cuerpo, pero limpia, joven, nueva.»

En diciembre, Paz tiene apenas 17 años pero publica en su revista una «Ética del artista», en la que formula una profecía absolutamente seria sobre su vocación. Entre el arte puro y el arte comprometido (tópico de la época) opta por el segundo, pero no de manera escolar ni simple. Ha leído a Nietzsche, el teatro griego, la novela española, los marxistas rusos y los románticos alemanes, y cree que la literatura debe ser «mística y combativa», elevada y eterna, «poseída por la verdad». Mucho más importante, se declara responsable de una construcción cultural que abarca a toda América: «es indispensable pensar que formamos parte de un continente cuya historia la hemos de hacer nosotros. Que hay un destino manifiesto a través de todos los tiempos, que obliga al hombre a realizar la voluntad de la vida y de Dios». La obra editorial y literaria de su abuelo y su padre había incidido, en diversa forma y medida, en la historia mexicana. La suya se desplegaría en un ámbito mayor.

El joven Paz tiene claro que el radicalismo político debía compaginarse con la modernidad cultural. El primero se respiraba en todas partes –la prensa, los partidos, los mítines, los libros, los cafés, los periódicos, las aulas–, pero la modernidad no era fácil de conquistar. En ese aspecto, la generación anterior (nacida entre 1890 y 1905) había puesto la vara muy alta. Casi indiferente a la política pero perfectamente atenta a la vanguardia literaria y artística, y activa en ella, esa generación precedente se congregaba –como usualmente había ocurrido en México desde mediados del siglo XIX– alrededor de una revista, en su caso la revista *Contemporáneos* (1928-1931). En el grupo destacaban sobre todo sus poetas y dramaturgos (Xavier Villaurrutia, Carlos Pellicer, José Gorostiza, Salvador Novo, etc.) y un ensayista notable, Jorge Cuesta. Coetáneos de la «Generación española del 27» (Alberti, Altolaguirre, Diego) y admiradores de Juan Ramón Jiménez y Antonio Machado, publicaron a los autores de la *Nouvelle Revue Française* (Gide, Morand, Maurois, Larbaud), tradujeron *The Waste Land* de Eliot, *Mornings in Mexico* de Lawrence y *Anábasis* de Saint-John Perse. Los «Contemporáneos» habían hecho la crítica del muralismo mexicano que para entonces se había vuelto repetitivo y pedagógico. Al desaparecer *Contemporáneos*, *Barandal* quiso seguir con modestia sus pasos; se ocupó de Valéry, Huizinga, Marinetti, fue algo irreverente e hizo valiosos rescates en el terreno de las artes plásticas.

Pero ante todo Paz era un poeta. Su maestro Andrés Iduarte lo recordaba: «Tímido, o más bien ya refrenado, con explosiones pronto suavizadas por la mucha y la mejor lectura, inteligencia penetrante hasta la duda y sensibilidad doliente hasta la desolación, espontáneo y confidencial en la entrega de su corazón y en seguida torturado y distante hasta la hosquedad.» Su amigo José Alvarado ha dejado otra sutil estampa del joven editor de *Barandal* «recargado en el barandal del último piso» de San Ildefonso, viendo la luz del Valle de México: «más allá de sus ojos desconcertados se advertían ya desde entonces una inquebrantable voluntad poética y una sed de inventar el mundo, Octavio que no quería ser, simplemente, uno de tantos poetas, sino un dueño verdadero de la poesía y no confiaba sólo a la razón su identidad con el mundo, sino a todas las sensaciones, las emociones y los juicios posibles...»

En 1932, siguiendo de nueva cuenta la tradición familiar, Octavio Paz ingresa a la Escuela de Leyes. Hace un viaje al más radical de los estados, Veracruz, para apoyar a grupos campesinos alentados por el gobernador Adalberto Tejeda. Como miembro de una Federación de Estudiantes Revolucionarios acude a una manifestación en honor del líder comunista cubano Julio Antonio Mella, asesinado en México en enero de 1929. Los jóvenes van a dar a la cárcel, de donde los saca una vez más su padre. Bosch es expulsado de México. El ascenso de Hitler (enero 1933) alienta a los fascistas y la posterior política del Frente Popular (1935) reabre la vida pública a los comunistas. Se forman grupos de choque, «Camisas rojas» y «Camisas doradas», que tiempo después se matarán en las calles de la capital. El filósofo Antonio Caso aconseja a su alumno Paz imitar a Vicente Lombardo Toledano: «es socialista pero también cristiano». Pero a partir de 1933, los dos maestros de Paz —Caso, el católico liberal, y Lombardo Toledano, converso al marxismo— entablan una larga polémica sobre la libertad de cátedra en la universidad. Caso había fracasado en acercar a Paz al cristianismo, pero Lombardo no lo convierte propiamente a la dura ortodoxia.

Paz reserva siempre un sitio al cultivo de su obra personal. En 1933 publica una primera colección de poemas, la *plaquette Luna silvestre*. Pero los vientos son cada vez más ideológicos. En septiembre de ese año, dirigida por un colectivo que incluye a Paz, aparece la revista *Cuadernos del Valle de México*. Publicó sólo dos números: el segundo en enero de 1934. Si bien tradujo un fragmento del *Ulises* de Joyce, se inclinó más decididamente por la política. Publicó, por ejemplo, el poema de Rafael Alberti «Un fantasma recorre Europa» y Rafael López Malo, otro de los editores, le da la bienvenida: «Ha llegado a Rusia y ha empezado a dar valor a los mitos contemporáneos. [En su poesía] se presiente un Lenin esperando una corona humilde, real, de los poetas nuevos…» Enrique Ramírez y Ramírez escribe sobre la Unión Soviética: «estado transitorio hacia etapas superiores». José Alvarado critica a los intelectuales que practican una «invención de juegos novedosos y atracciones lógicas» y propone en cambio una «misión superior»: «la política rebelde es la única actividad creadora de los hombres, el único trabajo que podemos hacer temblorosos y alegres». El propio Alvarado recordaría la torturada atmósfera dostoievskiana que vivía su generación:

> Uno de esos muchachos, de familia calvinista, había entrado y salido del comunismo para convertirse en católico después de una larga crisis espiritual. Otro, inteligente y sensible, salía de prisión después de un homicidio desventurado que lo había de llevar después a la violencia y a una muerte misteriosa e ingrata... Escolásticos y marxistas, anarquistas buena parte de ellos... coléricos contra la simulación y la perversidad, habían sido tocados por el aceite vasconcelista y por las prédicas de justicia social. El lirismo era político y políticos eran el amor, la poesía, la metafísica.

También Paz recordaría siempre las vidas malogradas, los suicidios y las conversiones súbitas de su generación, tocada por el misticismo político. Su amigo Enrique Ramírez y Ramírez, colaborador en 1930 de *El Hombre Libre* —diario de derecha hispanista, xenófobo y antisemita—, había pasado de la noche a la mañana de la crítica a la «retórica colectivista» al comunismo. Y Rubén Salazar Mallén —escritor algo mayor, que sería adversario permanente de Paz— había recorrido el camino inverso. Pero

Octavio Paz no era un converso: su camino a la Revolución había sido un paso natural de radicalización a partir de la saga familiar.

A fines de 1933 surge la candidatura presidencial del general Lázaro Cárdenas, quien desde un inicio manifiesta claras intenciones de llevar a la práctica las reformas sociales que han quedado pendientes en el programa de la Revolución mexicana. Cárdenas gobernaría al país de diciembre de 1934 a noviembre de 1940. Como casi todos sus amigos, Paz veía con simpatía el sesgo oficial hacia la izquierda, pero su adhesión nunca se traduce en militancia partidista. Es un radical en política, pero un vanguardista en cultura. Por eso ha hecho amistad con varios de los «Contemporáneos» y con el tiempo (en 1935) se haría amigo de Jorge Cuesta, el pensador más lúcido de la época. En un mundo polarizado, casi no había espacio para el pensamiento liberal. La excepción más notoria era precisamente Cuesta. Ensayista cuyo amplio espectro intelectual y pasión crítica anticipan al futuro Paz, Cuesta se adelantó en México a la crítica filosófica del marxismo. Desde 1933, descubre un elemento central de la cultura política mexicana: la permanencia del viejo dogmatismo del clero católico en las nuevas estructuras políticas e ideológicas del Estado mexicano. Y del mismo modo desnuda la contradictoria introducción, por parte del gobierno, de una «Educación socialista» en el marco de una sociedad capitalista.

* * *

En algún momento de 1934, Octavio Paz había conocido a una joven dos años menor que él, estudiante del último año de preparatoria y coreógrafa del teatro universitario: la bella, inquieta, difícil y enigmática Elena Garro. Era una mujer brava e independiente, a quien su abuelo llamaba «La Generala» y provenía de una familia que, en cierta forma, era el espejo de la de Paz: padre español, madre mexicana, abuelo de Jalisco. La familia había perdido dos tíos luchando en las filas de Pancho Villa. Tiempo atrás se había enamorado fugazmente de una mujer que lo enceló. Para curarse no halló mejor camino que la lectura completa de Marcel Proust. Tras la espantosa tragedia del padre, Paz comenzó a vivir su amor como un personaje de D. H. Lawrence (que siempre fue su biblia en temas de amor) y llegó a sentirse el joven Werther («Te amo desesperadamente, con angustia. Si no te amara me moriría»). Sus cartas casi diarias a Elena (a quien rebautizó como Helena) se leen como el diario de un joven a un tiempo inspirado y torturado por un amor elusivo. Pero no es difícil entender la raíz de esa desesperación. Aquel amor era producto directo de su duelo. Una carta fechada ofrece un raro atisbo de su vida a los 21 años:

Estoy aquí, en la biblioteca, en medio de mis muertos, de mis amadas y amargas lágrimas y soledad, y me siento un poco alejado de ellos, como si su voluntad no fuera la mía, como si yo no fuera la sangre de mi padre y de mi abuelo, que me ataban a un destino solitario. Porque te digo a ti, Helena, en esta casa me he sentido atado a una serie de cosas oscuras y decadentes, a un designio de muerte y amargura, como si sólo fuera depositario de palabras ásperas.

Para no sentirse «atado» al destino familiar, tras la muerte brutal de su padre, Paz había saltado al vacío profesional abandonando la Escuela de Leyes; aunque le faltaba una sola materia para recibirse de abogado. Comenzó a trabajar en el Archivo General de la Nación. Entonces leía *El* ABC *del comunismo* de Bujarin y *El origen de la familia, la propiedad privada y el Estado* de Engels. En sus vigilias escribía textos plenamente marxistas sobre la vacuidad del trabajo y la abstracción del dinero en el decadente mundo capitalista. Y trazaba la esperanza de un mundo nuevo, interpretando a su manera la frase de Engels («Del reino de la necesidad al reino de la libertad»): «mañana nadie escribirá poemas, ni soñará músicas, porque nuestros actos, nuestro ser, en libertad, serán como poemas». De pronto, el mañana toca a su puerta, la Historia le corresponde y lo invita a participar.

Julio de 1936. Ha estallado la Guerra Civil española. Paz —recuerda Alvarado— había defendido la revolución agraria con la misma pasión empleada después para exaltar a la República española. Ahora esa república estaba en peligro. Era claramente su oportunidad de participar en la historia, como Ireneo con Porfirio u Octavio con Zapata. En octubre de 1936, Paz publica el largo poema «¡No pasarán!», inspirado en el célebre llamado de Dolores Ibárruri, «La Pasionaria», durante el cerco a Madrid en ese mismo año. De pronto, sus palabras no son ásperas sino indignadas, exaltadas, esperanzadas:

> […] Como la seca espera de un revólver
> o el silencio que precede a los partos,
> escuchamos el grito;
> habita en las entrañas,
> se detiene en el pulso,
> asciende de las venas a las manos:
> No pasarán.
> Yo veo las manos frutos
> y los vientres feraces,
> oponiendo a las balas
> su ternura caliente y su ceguera.
>
> Yo veo los cuellos naves
> y los pechos océanos
> naciendo de las plazas y los campos
> en reflujos de sangre respirada,
> en poderosos vahos,
> chocando ante las cruces y el destino
> en marejadas lentas y terribles:
> No pasarán…

El gobierno de Cárdenas imprime 3 500 copias para regalarlas al pueblo español y Paz adquiere una instantánea celebridad. Alberti lo considera autor «de la poesía más revolucionaria que se hace en México». Para su amigo Efraín Huerta, Paz es «fervor puro, inquietud pura; era un alucinado, un impetuoso, un hombre ardiendo, un poeta en llamas. Era un hombre animado por la pasión, consumido por la pasión».

En 1937, a contracorriente de la retórica comprometida, Paz resguarda su vertiente más personal y publica su primer libro de poemas, *Raíz del hombre*. El tema no es la pasión revolucionaria, sino su complemento: la pasión amorosa. Una pasión cuidadosamente trabajada en sus cartas a Elena y sus pensamientos y vigilias que publicará unos años después. Siente como Werther pero actúa como Goethe: es un curioso universal, un filósofo de día y de noche, en las aulas, los cafés y el tranvía que lo lleva y trae de Mixcoac a México, y sobre todo en la biblioteca familiar. No hay en él sombra de ligereza −tampoco, aparentemente, de humor−, sino más bien gravedad, rigor, pasión intelectual y poética. En broma, por su vocación, su romanticismo y su apostura física, sus amigos le dicen: «El Lord Byron de Mixcoac». Pero Paz dialoga sobre todo consigo mismo. Su paso es paciente y firme: «soledad que me irás revelando la forma del espíritu, la lenta maduración de mi ser». Cuesta lo reconoce al reseñar su libro: posee «una inteligencia y una pasión tan raras como sensibles… la nota más característica de su poesía es una desesperación, que no tardará en precisarse en una metafísica… no en un puro ocio psicológico del artista». Con esa obra, Paz «confirma en su poesía el dominio de un destino sobre él. Ahora estoy seguro de que Octavio Paz tiene un porvenir».

Sus dioses tutelares son Lawrence y Marx: el comunismo —como el amor carnal— le parecía una especie de «religión» que «busca la fraternidad, la comunión activa de los desesperados tanto como de los desheredados». Muchos de sus amigos se incorporan a la LEAR (Liga de Escritores y Artistas Revolucionarios, creada en México a partir de su homóloga francesa, presidida por Gide, Barbusse y Malraux). Paz asistió al Congreso fundador en enero de 1937, escuchó los anatemas contra la cultura «arte purista», «burguesa», «extranjerizante» y la solitaria defensa que hizo un poeta guatemalteco, Luis Cardoza y Aragón, de la poesía, no como servidora de la Revolución sino como expresión de «la perpetua subversión humana». Escuchó también a los más radicales abjurar del tibio «nacionalismo revolucionario», abrazar el internacionalismo proletario y repudiar el asilo a Trotski (que acababa de llegar a México). Paz, que para entonces ya frecuentaba y desde luego leía a Cuesta, estaba al tanto de esas tensiones, así como de las polémicas europeas sobre la represión de disidentes en la URSS y los ataques de la III Internacional contra los anarquistas y trotskistas. No ignoraba tampoco el caso de André Gide, cuyo *Retour de l'U.R.S.S.* había aparecido en traducción en México a fines de 1936. «La dictadura del proletariado —había escrito Gide—, es la dictadura de un solo hombre sobre el proletariado». El libro revelaba el culto estalinista a la personalidad, las carestías, la manipulación propagandística, el terror, el vasallaje, la delación y el ahogo de la libertad intelectual. El recuento abrió los ojos de muchos creyentes. No los de Paz. Cuesta había criticado desde 1932 la conversión de Gide al comunismo y previsto su posterior desencanto. Pero no había logrado convencer a su joven amigo, que seguía firmemente convencido en la justicia de su *causa*: «Yo estaba del lado de los comunistas —recordaría Paz—, eran tiempos en que afirmaba de buena gana que las revueltas en el mundo, incluida la mexicana, hallarían su realización en el comunismo.»

* * *

El nuevo presidente Lázaro Cárdenas rebasaba a la izquierda por la izquierda. Su reforma agraria abarcaría el país entero y repartiría 17 millones de hectáreas entre tres millones de campesinos. El 4 de agosto de 1937 *El Nacional* anunciaría a ocho columnas: «La Revolución hará el reparto de las haciendas henequeneras». No era fácil ni muy necesario ser comunista en el México cardenista. Era mejor apoyar al presidente. El complemento natural de aquella gigantesca transferencia de propiedad que comenzaba a ocurrir en 1937 era la educación. Y con ese espíritu misionero,

Octavio Paz partió a Yucatán en marzo de 1937 para dirigir una escuela secundaria federal.

Ahora Paz es un *narodniki* y trabaja con campesinos, exactamente como su padre en tierra de Zapata. La «ciudad blanca» de Mérida –desde siempre un enclave de la «casta divina» de hacendados en medio de un océano de indios mayas– despierta su sensibilidad para ver el subsuelo de la historia y su indignado marxismo poético. Piensa que «"ver las cosas como son" es, en cierta forma, no verlas», por eso en Mérida comienza a *ver* poéticamente la realidad, a ver debajo: «el subsuelo social está profundamente penetrado por lo maya; en todos los actos de la vida brota de pronto: en una costumbre tierna, en un gesto cuyo origen se desconoce, en la predilección por un color o por una forma […] la dulzura del trato, la sensibilidad, la amabilidad, la cortesía pulcra y fácil, es maya». Todo parece apacible en la bella ciudad provinciana, pero «en un instante la ciudad se despoja de su máscara y, desnuda, deja ver sus vivas entrañas, valientes y calladas […] los grandes días de las huelgas y los mítines». El subsuelo indígena y mestizo, y la Revolución, los viejos temas de su padre zapatista. Sin embargo, Paz no es todavía un minero del alma mexicana. Es sólo un poeta con una *causa*. «Se cumple aquí, como en todo régimen capitalista, aquello de que el hombre vive de la muerte del hombre. A veces, en la noche, uno se despierta como sobre escombros y sangre. El henequén, invisible y diario, preside el despertar.» Precisamente sobre ese tema escribe un largo poema, inspirado en *The Waste Land*. Lo tituló «Entre la piedra y la flor». Fue su primera tentativa de insertar la poesía en la historia, de hacer poesía revolucionaria, no panfletaria. Muchos años después, recordaba: «quise demostrar la relación que, como un verdadero nudo estrangulador, ataba la vida concreta de los campesinos a la estructura impersonal, abstracta, de la economía capitalista: una comunidad de hombres y mujeres dedicada a la satisfacción de necesidades materiales básicas y ritos y preceptos tradicionales, sometida a un remoto mecanismo. Ese mecanismo los trituraba pero ellos ignoraban no sólo su funcionamiento sino su existencia misma».

En el alba de callados venenos
amanecemos serpientes.

Amanecemos piedras,
raíces obstinadas,
sed descarnada, labios minerales.
[...]

¡El mágico dinero!
Sobre los huesos se levanta,
sobre los huesos de los hombres se levanta.

Pasas como una flor por este infierno estéril,
hecho sólo del tiempo encadenado,

carrera maquinal, rueda vacía

que nos exprime y deshabita,

y nos seca la sangre,

y el lugar de las lágrimas nos mata.

Porque el dinero es infinito y crea desiertos infinitos...

En Yucatán, Paz sufre el inescrutable amor de Elena. Lo consuela el trabajo: imparte clases de literatura a obreros y campesinos, publica artículos y da conferencias sobre la Guerra Civil española. La pasión en América Latina por la guerra es más profunda que en Europa: como en 1898, los intelectuales latinoamericanos vuelven a identificarse con España. Aquella vez contra el imperialismo en Cuba, ahora contra el fascismo en España. Paz la viviría como su primer gran pasión. Y es precisamente en Yucatán donde lo sorprende una invitación para asistir al Segundo Congreso Internacional de Escritores para la defensa de la cultura, que tendría lugar en Valencia a principios de julio de 1937. Su poema «¡No pasarán!» lo había vuelto famoso. Tenía que actuar con la mayor premura: había que raptar (casi) a la renuente Elena, casarse apresuradamente con ella (25 de mayo de 1937), volver juntos por un momento a Yucatán y tomar el barco de la Historia. Escribir con actos y palabras la poesía de la Historia. Amor y revolución hermanados. Un poeta romántico más, enrolado en la salvación de un pueblo heroico.

V

Llegan a España a principios de julio de 1937. La delegación mexicana incluye al poeta Carlos Pellicer —amigo y maestro de Paz desde la preparatoria—, el novelista Juan de la Cabada y el historiador José Mancisidor (ambos miembros activos de la LEAR) y el gran músico Silvestre Revueltas, hermano mayor de José. La Generación española del 98, que a través de sus revistas, poemas y ensayos había educado a la de Paz, estaba ya casi ausente: Ortega y Gasset vivía parcialmente en Buenos Aires, Unamuno había muerto tras condenar el grito de «Viva la Muerte», Machado languidecía en su casa. Pero las siguientes generaciones seguían activas, sobre todo en la revista *Hora de España*, que congregaba a una notable generación de poetas, dramaturgos, filósofos y ensayistas paralela en edad y horizontes a la de los «Contemporáneos» en México. Paz se acercó a ellos (Manuel Altolaguirre, Luis Cernuda, María Zambrano, Rafael Dieste) y a los más radicales de entre ellos (Rafael Alberti, José Bergamín). Conoció —entre una multitud de escritores— a varios poetas mayores de América Latina (Pablo Neruda, Vicente Huidobro, César Vallejo, Nicolás Guillén), vio a

Hemingway, Dos Passos, Silone, y al presidente del Congreso, André Malraux.

En el Congreso, José Bergamín introduce una moción condenatoria a André Gide, que acababa de publicar unos *Retouches* a su polémico *Retour de l'U.R.S.S.* Los escritores de *Hora de España*, inscritos en la tradición humanista, se niegan a apoyarla. Uno de ellos, el poeta y dramaturgo gallego Rafael Dieste, se declara «frente popular, izquierdista, liberal, no sectario». La representación latinoamericana –salvo Pellicer y Paz– la aprueba. Pero ninguno de los dos hace una protesta pública. Paz se reprocharía siempre ese silencio. Malraux se niega en definitiva a pasarla. En la sesión de clausura, Antonio Machado (a quien la pareja visitaría en su desolada casa de Valencia) advierte contra el uso de la palabra «masa». (Ya su heterónimo Juan de Mairena había escrito: «Por muchas vueltas que le doy, no hallo manera de sumar individuos.»)

En España, Paz entabla una amistad que duraría toda la vida con el poeta inglés Stephen Spender, a quien George Orwell calificaría entonces (junto a Auden) como un «Parlour Bolshevik» («Bolchevique de salón»). La crítica de Orwell a Spender –afinada en 1940, en *Inside the Whale*– ¿era aplicable a los escritores del Congreso? Entre Orwell y Spender había una sola diferencia: la participación real en la guerra. «Adolescentes permanentes» –les llamaba Orwell–, los intelectuales de clase media podían hablar con entusiasmo de la guerra porque vivían en países libres y no participaban en ella: «las purgas, la policía secreta, las ejecuciones sumarias, el encarcelamiento sin juicio, eran demasiado remotas para volverse aterradoras». A Orwell, el comunismo occidental le parecía un fenómeno casi exclusivamente intelectual, con poca participación obrera. Los intelectuales se habían afiliado a él como conversos a una nueva religión. ¿Qué atractivo podían tener en esos días —se preguntaba— las vocaciones u oficios tradicionales? Ninguno. ¿Y qué sentido conservaban las palabras patriotismo, religión, imperio, familia, matrimonio, honor, disciplina? Ninguno. El «"comunismo" del intelectual inglés es el patriotismo de los desarraigados».

Algo en este sentido percibió Elena Garro antes que su esposo. En las *Memorias de España 1937* —libro irreverente, divertido, inteligente y pleno de indignación ante las confusiones ideológicas y morales—, escribe:

En Minglanilla, en donde hubo otro banquetazo en la alcaldía, nos rodearon mujeres del pueblo para pedirnos que les diéramos algo de lo que iba a sobrar del banquete. Me quedé muy impresionada. Allí, a pesar de la prohibición de los compatriotas de hacernos notables, Stephen Spender y otros escritores nos invitaron a salir del balcón de la Alcaldía. Desde allí vi a las mujeres enlutadas y a los niños que pedían pan y me puse a llorar. Me sentí cansada y con ganas de irme a mi casa… durante el banquete, Nordahl Grieg pidió que se regalaran al pueblo las viandas que estaban en la mesa. Sin ningún éxito…

En sus *Memorias*, el poeta Stephen Spender le había dado la razón:

Había algo grotesco en aquel circo de intelectuales a quienes se trataba como príncipes o ministros: se nos transportaba en Rolls Royce a lo largo de cientos de millas y a través de hermosos escenarios, escuchando los vítores de la gente que vivía en pueblos desgarrados por la guerra. Se nos ofrecían banquetes, fiestas, canciones, danzas, fotografías. Pero un súbito y pequeño incidente podía revelar la verdad detrás de aquella escenografía. Uno de esos incidentes ocurrió en el pequeño pueblo de Minglanilla [...] En el banquete que habitualmente se nos ofrecía, comeríamos arroz a la valenciana seguido de dulces y un magnífico vino. Mientras esperábamos mirando el paisaje desde un balcón del ayuntamiento, en la ardiente plaza los niños de Minglanilla bailaban y cantaban para nosotros. De pronto, la señora Paz —la hermosa mujer del no menos hermoso y joven poeta Octavio Paz— estalló en un llanto histérico. Fue un momento revelador de la verdad. [*World Within World. The Autobiography of Stephen Spender*, pp. 241-242.]

También Octavio Paz era, en cierta medida, un desarraigado. Pero no había ido a España como un turista, sino como un valeroso agitador poético. Así lo verían sus amigos españoles: «Los cantos españoles de Octavio Paz

[...] salen hoy a la luz, a todos los vientos, para que sean repetidos con fervor por nuestros valerosos combatientes.» La experiencia duró casi cuatro meses y en ella nada faltó, salvo el enrolamiento definitivo en la guerra (que Paz intentó seriamente): fraternidad revolucionaria, aparición en estaciones de radio, temerarias visitas al frente, escenas desgarradoras de niños y familias, racionamiento, bombardeos aéreos y marinos, «tempestad de obuses» y «morterazos» frente a los que Elena se aterraba, pero Octavio exclamaba: «¡Esto es magnífico!» Y aunque no participó en batallas ni tenía cicatrices (como Siqueiros) quiso enlistarse como comisario político en el frente de Teruel. Sus amigos españoles lo disuadieron: servía mejor a la causa con la pluma que con el fusil. Vivió en una continua exaltación: lee y escribe poemas combativos, imparte una conferencia sobre Silvestre Revueltas, y en la Casa de la Cultura de Valencia proclama la aparición de un *hombre nuevo*: «anhelamos un hombre que, de su propia ceniza, revolucionariamente, renazca cada vez más vivo». Se iba creyendo en la Revolución como una «nueva creación humana», surtidor de «vida nueva», un «fenómeno total», el advenimiento de un «mundo de poesía capaz de contener lo que nace y lo que está muriendo».

En Barcelona, Paz lee su «Elegía a un compañero muerto en el frente de Aragón», poema escrito desde México, que había contribuido mucho a su fama:

Has muerto, camarada,
en el ardiente amanecer del mundo.

Y brotan de tu muerte
tu mirada, tu traje azul,
tu rostro suspendido en la pólvora,
tus manos, ya sin tacto.

Has muerto. Irremediablemente.
Parada está tu voz, tu sangre en tierra.
¿Qué tierra crecerá que no te alce?
¿Qué sangre correrá que no te nombre?
¿Qué palabra diremos que no diga
tu nombre, tu silencio,
el callado dolor de no tenerte?…

El compañero al que hacía referencia era José Bosch, aquel anarquista de la preparatoria, de cuya muerte habían corrido versiones fidedignas. Para su perplejidad, Paz descubre a Bosch entre el público. Al terminar lo oye narrar una guerra muy distinta a la que creía haber visto, la guerra a muerte de los comunistas contra los anarquistas del POUM. «¡Han matado a mis compañeros! […] ¡Ellos, ellos los comunistas!» Es la misma incómoda verdad que Orwell había atestiguado en sus meses en el frente, como miembro de las milicias del POUM. De hecho, habían pasado apenas tres meses desde que el POUM y los comunistas luchaban en esas mismas calles y dos desde el arresto y misteriosa desaparición de Andrés Nin, el líder histórico del POUM. Por esos mismos días la NKVD fabricaba testimonios sobre la «colaboración» de los poumistas y los trotskistas con el fascismo, versiones que los diarios de Occidente tomaban como buenas y Orwell (que dejó Barcelona en junio de 1937 y comenzó a escribir *Homage to Catalonia*) desmintió. En cuanto a Bosch, sólo quería un pasaporte a México. Pero era imposible conseguirlo. A decir de Elena, Paz vivió el episodio «muy angustiado». No se le ocultaba el clima de espionaje, el lenguaje inquisitorial de muchos «camaradas», la presencia apenas disfrazada de espías y agentes de la Cheka, las noticias de la reciente ejecución del mariscal Tujachevski, héroe de la vieja guardia (12 de junio de 1937). Pero ante las versiones encontradas, su resolución era viajar a la URSS para «ver con sus propios ojos −en palabras de Elena− ese país en el que se jugaba la suerte del mundo». No lo logró.

A fines de octubre su barco pasó por Cuba, donde los dos líderes históricos del PC cubano (Juan Marinello y el joven Carlos Rafael Rodríguez) le presentaron a Juan Ramón Jiménez. Elena escribe: «Tuve la impresión de que estaba desplazado, era como ver un Greco en una playa llena de sol.»

Compañeros de aquella experiencia fueron el poeta León Felipe y su esposa, la mexicana Bertha Gamboa, «Bertuca». A sus 53 años, León Felipe era ya un viejo venerado en España. Boticario de profesión y de oficio peregrino, había sido profesor en México y en Estados Unidos, amigo de García Lorca y traductor de Whitman, Eliot y Blake. Sus largos poemas tenían una extraña impregnación religiosa, a veces ingenua, otras grave: eran oraciones, invectivas, salmos, parábolas y alegorías. «Santo profeta enfurecido», lo había llamado Rafael Alberti. Tenía razón: siempre hubo algo de profeta bíblico en la ronca y sonora voz, la estampa, la pasión moral, la indignación y la feroz ternura de León Felipe. El estallido de la guerra lo había sorprendido en Panamá, pero había vuelto a España. Neruda lo encontraba nietzscheano y encantador: «entre sus atractivos, el mejor era un anárquico sentido de la indisciplina y de burlona rebeldía... Concurría frecuentemente a los frentes anarquistas, donde exponía sus pensamientos y leía sus poemas iconoclastas. Éstos reflejaban una ideología vagamente ácrata, anticlerical, con invocaciones y blasfemias». Ahora él y Bertuca convivían con Octavio y Elena. Octavio «estaba pálido, con las manos cruzadas sobre el mango de su cachava y la barbilla apoyada sobre ellas. —¿Qué pasa, León Felipe?, preguntó Elena. —Me duele España, chiquilla, me duele...» A Paz le dolería también. España era la patria de la Revolución y la tierra de su madre. En «Oda a España», poema de 1937, escribió:

[...] No es el amor, no, no es.
Mas tu clamor, oh, Tierra,

trabajadora España,
universal tierra española,
conmueve mis raíces,
la tierra elemental que me sostiene,
y tu invasora voz penetra mi garganta
y tu aliento recóndito mis huesos...

No es exagerado decir que aquella guerra marcaría para siempre su conciencia política. También la de muchos mexicanos que de jóvenes recitábamos de memoria los versos de «Piedra de sol» (1957) que evocaban el momento de doble comunión (amorosa e histórica) que vivió Paz en España:

Madrid, 1937,
en la Plaza del Ángel las mujeres
cosían y cantaban con sus hijos,
después sonó la alarma y hubo gritos,
casas arrodilladas en el polvo,
torres hendidas, frentes escupidas
y el huracán de los motores, fijo:
los dos se desnudaron y se amaron
por defender nuestra porción eterna,
nuestra ración de tiempo y paraíso...

Por un lado, había visto la «espontaneidad creadora y revolucionaria» y la «intervención directa y diaria del pueblo». Había visto la esperanza, y no la olvidaría. Pero había visto también, había visto sin ver, el *otro* lado de la Revolución. Y pasado el tiempo, su silencio ante esa realidad entrevista pero negada lo atormentaría.

VI

De vuelta en México a principios de 1938, Paz participa
en actos públicos en los que habla con exaltación de la cultura, la juventud y la poesía en la guerra de España. Siente
aquella *esperanza* como un sucedáneo de la virtud teologal
católica: una confianza en alcanzar el mundo de fraternidad, justicia e igualdad inscrito en la palabra Revolución.
Pero de pronto, el sucedáneo de otra virtud teologal, la
fe, comienza a flaquear en él. Atisbos de esa fisura habían
asomado en España, donde no se le escapó el ambiente de
persecución y espionaje al que él mismo se sintió some-
tido. Según su amigo el pintor Juan Soriano, «Paz regresó
de la Guerra Civil desilusionadísimo de las izquierdas. Algo
había en ellas que no funcionaba, puro dogmatismo, fanatismo puro». No hay trazas publicadas de ese proceso, pero
a mediados de marzo —refiere Garro— ocurre un golpe
inesperado: «vi que Octavio Paz, a la hora del desayuno,
exclamó con lágrimas:"¡Bujarin…! ¡No! ¡Bujarin, no!" En
el periódico —dice Garro— leí que le habían dado un tiro
en la nuca». Era la tercera purga estalinista. En efecto, la
edición dominical del 13 de marzo de *El Nacional* incluía

la «confesión» de «Boukharine» y su sentencia. Ante esos hechos, una visión disidente germinaba en Paz, pero quedó sin expresarse. Y aunque años después confesaría su admiración de entonces por Trotski, tampoco dejó testimonios públicos en ese sentido. A pesar de ser un lector voraz de textos sobre la Revolución rusa y de autores que, como Bujarin, habían sido compañeros de Trotski, nunca intentó conocer al protagonista mayor del bolchevismo que vivía en la misma ciudad.

Cuando André Breton —el padre del surrealismo, crítico abierto de Stalin— llegó a México para ver a Trotski, el joven Paz sólo asistió «a escondidas» a alguna de sus conferencias. Escoltado por Diego Rivera y Frida Kahlo y un puñado de simpatizantes trotskistas, Breton permaneció en el país entre abril y agosto de 1938. Viajó por el país y firmó con Trotski el famoso «Manifiesto por un Arte Independiente» que se publicó en *Partisan Review*, pero sus actividades fueron objeto de duras críticas no sólo por parte de los comunistas de línea dura, sino por los amigos de Paz. Uno de ellos, Alberto Quintero Álvarez, que había sido coeditor de *Barandal*, condenó «la oscuridad indescifrable» del «procedimiento automático» del surrealismo, cuyas «experimentaciones» le parecían «vacías de ternura, palpitación, de todo lo que nosotros queremos retrotraer a nuestro acto mágico, inexplicable: nuestro acto creativo, empeñado y secreto».

El texto de Quintero Álvarez apareció en *El Popular*, el periódico que acababa de fundar el máximo líder de los obreros de México, Vicente Lombardo Toledano. Católico en los años veinte, marxista converso en los treinta, Lombardo había viajado en 1936 a la URSS y tras publicar un libro titulado *Un viaje al mundo del porvenir*, rodeado de un grupo de jóvenes discípulos, fundó el diario. Octavio Paz no pertenecía propiamente a ese círculo cercano, pero comenzó a trabajar en el periódico como uno de los encargados de la página editorial: recibía textos, escribía algunas editoriales anónimas y firmaba otras. En esa posición era imposible e impensable buscar a Breton y mucho menos a Trotski, porque para el diario —alineado con la óptica de Moscú— Trotski era un aliado abierto de Hitler. *El Popular* no dio cobertura a la Comisión Dewey que desmintió los mitos colaboracionistas de Trotski, y lo atacó de manera persistente. Éste, a su vez, acusó a Lombardo de ser un agente de Stalin. Pero la generación de Paz optó por la ortodoxia.

Era explicable. El enemigo era Hitler, que avanzaba día tras día hacia la confrontación mundial y a quien no le faltaban simpatizantes en México. Ésa era la batalla natural. Y el país vivía en el límite de la exaltación nacionalista: el 18 de marzo de 1938 Cárdenas había expropiado a las compañías petroleras inglesas, holandesas y estadounidenses. En esos meses, además, comenzaron a llegar los primeros escritores exilados de España. El joven Paz acompañó las medidas nacionalistas y concentró sus esfuerzos en ser el mejor anfitrión de los españoles. El 17 de julio de 1938 en

El Popular, Paz saluda al «viejo y amado poeta León Felipe, al gran espíritu profético, y a todo un pueblo que lucha por su humanidad»:

> Y queremos recoger en estas palabras del poeta el verdadero y hondo sentido del movimiento revolucionario de todo el mundo: «Entonces nuestras lágrimas tendrán un origen más ilustre». Entonces, cuando la revolución del hombre haya acabado con el último villano, con el último burgués, «nuestras alegrías, nuestros dolores, serán más puros». Por boca del poeta queremos decir que no renunciamos a nuestra humanidad, al dolor y a la alegría, sino que luchamos por obtenerla, íntegramente.

Por su parte, Paz estaba lejos de ser burgués: habitaba una clase media venida a menos. Vivía de su trabajo de editor en el periódico, seguía percibiendo un sueldo en la Secretaría de Educación Pública y, para completar su ingreso, a mediados de 1938 consiguió un trabajo como inspector en la Comisión Nacional Bancaria. En febrero de 1940, Elena comenzaría a trabajar como reportera en la revista *Así*. Por un tiempo vivieron con la madre de Paz, que vendería la casa de Mixcoac y se había mudado a la nueva colonia Hipódromo Condesa. Entre mayo de 1939 y julio de 1940 alquilaron un pequeño departamento frente a un bonito camellón que recorría la larga calle de Industria. Finalmente, se mudaron a uno más amplio, a la vuelta, en Saltillo 117. En diciembre de 1939 nacería su hija Laura Helena, la «Chatita».

Paz fue el principal animador de la vida literaria, un puente entre españoles y mexicanos y entre las generaciones. Por varios años las tertulias de todos ellos tendrían lugar en el Café París en el centro histórico de la ciudad de México. En 1937 Paz había publicado *Bajo tu clara sombra y otros poemas sobre España*. En 1938 salió su primera «Breve antología de poetas españoles contemporáneos» (*Voces de España*). Ese año publicó también en la revista *Ruta* (órgano literario de los miembros de la LEAR) una nota ya desesperanzada sobre España que para él no era una mera «causa política», sino el lugar «de un gran drama metafísico», el del «hombre solo, el pueblo solo, en la última y definitiva soledad». El camarada José Mancisidor lo reprendió: «Su ejemplo puede ser funesto. Su pesimismo peligroso.» Pero al poco tiempo, José Revueltas se referiría del mismo modo a España: «la Historia elige a sus pueblos, sus pueblos mesiánicos, sus pueblos proféticos. España es hoy ese pueblo. ¡Cuán difícil se ha hecho entender esta verdad, que me atrevo a llamar sagrada!» A fines de 1938, Paz dio un primer paso sólido para orientar materialmente su vida como lo había hecho su abuelo (y hasta cierto punto su padre): fundó la revista *Taller*. Sus 12 números bimensuales aparecieron entre diciembre de 1938 y febrero de 1941. Costaba un peso, tiraba 1 000 ejemplares, contaba con unos cuantos anuncios de entidades dependientes de la Hacienda

Pública, casas editoriales e instituciones académicas. La financiaba principalmente Eduardo Villaseñor, un mecenas generoso, sagaz en los negocios, poeta aficionado y amante de la literatura, que entre 1938 y 1940 ocupó la Subsecretaría de Hacienda y de 1940 a 1946 fue director del Banco de México. Las finanzas de la revista eran tan exiguas, que en noviembre de 1939 Paz consiguió de Alfonso Reyes (junto con Vasconcelos, el mayor escritor de México en la primera mitad del siglo) la cantidad de 150 pesos, que Paz prometió «devolver a la primera oportunidad».

El 31 de marzo de 1939 —justo el día del cumpleaños 25 de Paz— se anunció la caída de la República española. Paz la seguiría defendiendo, y no sólo con palabras. De hecho, el 10 de abril se lio a golpes en un restaurante del centro contra unos comensales que gritaban: «¡Viva Franco!» «Varios gendarmes —decía la nota— sacaron a las mujeres sangrando, y a otros con las ropas destrozadas.» Octavio, su esposa, cuñada y concuño fueron a dar a la delegación. Una foto desafiante de Elena acompañaba el reportaje: «dos bravas hembras encarceladas por el mismo mitote».

En el número dos de *Taller*, correspondiente a abril, Paz publicó un educado pero firme deslinde de la generación de los «Contemporáneos» y un programa para su propia generación. Lo tituló «Razón de ser». Refiriéndose a sus maestros, escribió: «su inteligencia fue su mejor instrumento, pero jamás lo usaron para penetrar lo real o construir lo ideal, sino para, ligeramente, fugarse de los cotidiano [...]

Crearon hermosos poemas, que raras veces habitó la poesía». La joven generación les debía un «instrumento» formal, pero debía aplicarlo nada menos que a la salvación del hombre:

> Llevar a sus últimas consecuencias la revolución, dotándola de […] coherencia lírica, humana y metafísica… conquistar, con nuestra angustia, una tierra viva y un hombre vivo… construir un orden humano, justo y nuestro… un lugar en que se construye el mexicano y se le rescata de la injusticia, la incultura, la frivolidad y la muerte.

Aunque algunos textos como «El quebranto», estrujante capítulo de una novela de Revueltas sobre su estancia en un reformatorio, correspondieron a ese espíritu, la creciente inmigración española convirtió poco a poco a *Taller* en algo más modesto y sereno: la continuación en papel de las tertulias del Café París, una animada conversación en la que participaban, junto con los jóvenes (Efraín Huerta, Alberto Quintero Álvarez, Rafael Vega Albela), algunos «Contemporáneos» (Villaurrutia, Pellicer), los exiliados españoles que habían llegado (León Felipe, José Bergamín, José Moreno Villa), los que seguían llegando (María Zambrano, Juan Gil-Albert, Rafael Dieste, Ramón Gaya, Sánchez Barbudo). Era la secuela mestiza de *Hora de España* en México. De hecho, a partir de septiembre, el director fue Octavio Paz y el secretario de redacción Juan Gil-Albert.

La revista mostró sensibilidad histórica: Sor Juana Inés de la Cruz y Juan Ruiz de Alarcón aparecieron en esas páginas, en espléndidas antologías y estudios introductorios. No menos vanguardista que la revista *Contemporáneos*, *Taller* publicó una amplio «Dossier» de T. S. Eliot, con traducciones de Cernuda, León Felipe, Usigli, Juan Ramón Jiménez, etc. Y para desplegar su temple romántico, publicó por primera vez en español *Una temporada en el infierno* de Rimbaud, así como a Hölderlin y Baudelaire.

Si bien la revista quiso ser revolucionaria, muchos factores externos atenuaron ese espíritu. Para sus autores, españoles y mexicanos, el estallido de la Segunda Guerra Mundial fue menos sorpresivo que el pacto Hitler-Stalin que la antecedió unos días, el 23 de agosto de 1939. Aunque el acuerdo se desharía con la invasión de Rusia por Hitler, en junio de 1941, el efecto fue letal. Pocos marxistas lograron justificarlo o entenderlo. Y sin embargo, *El Popular* lo defendió con ahínco. «Resonante triunfo de la urss en beneficio de la paz mundial», decían las ocho columnas del 23 de agosto. «Golpe magistral», anunciaba la editorial del 25 de agosto, alabando la audacia, la coherencia, la transparencia y el pacifismo de Stalin: «Pueblo que no codicia territorios, nación que no agrede a pueblos débiles, la urss está demostrando al mundo que sólo un régimen socialista, proletario, rechaza la guerra como medio de vida, como recurso de engrandecimiento...» A raíz de los hechos, Paz dejó *El Popular*. Después de todo, debió pensar, Trotski habría tenido alguna razón en sus advertencias. Tiempo después, en mayo de 1940, sobrevino el atentado del pintor David Alfaro Siqueiros contra Trotski y, finalmente, en agosto, el asesinato. A la vera de Trotski estaba un joven y desconocido escritor americano (Saul Bellow) y desde lejos lamentaron la muerte muchos socialistas norteamericanos reunidos alrededor de *Partisan Review*, pero *Taller*, la principal revista literaria e intelectual de México, no hizo referencia a estos hechos. Tampoco Paz escribió sobre ellos.

Su silencio ante el comportamiento de la URSS pudo ser reflejo de una perplejidad. Durante la guerra, su fe en la URSS flaqueaba, pero no la esperanza en la Revolución. ¿Hacia dónde voltear? La vuelta a la religión (la vía de Auden o Eliot) era imposible. Paz se había inclinado siempre por el jacobinismo liberal de su abuelo y padre, no por el piadoso catolicismo de su madre. La vía de Pound y Vasconcelos hubiese sido imposible: Paz detestaba al fascismo que había destruido a la República española y abjuraba del nazismo, al que criticó por su trato a los judíos y por considerarlo —desde su óptica marxista— un hijo del capitalismo y el imperialismo: «Se podrían enumerar las diversas causas que han hecho posible a Hitler, pero todas ellas están contenidas en dos palabras: capitalismo e imperialismo. Hitler es su último fruto.»

Por eso tampoco «la Pérfida Albión» (frase española del siglo XVIII, recogida con frecuencia por León Felipe) ni las otras democracias liberales representaban para él una opción: habían dejado morir a España y volteado la espalda a su origen popular y revolucionario. «La hipócrita retórica de los pseudodemócratas burgueses» había olvidado «rejuvenecerse» en «las aguas del pueblo de donde nació, profundamente popular y nacional, manchada de himnos y sangre, la democracia». Cerradas todas esas puertas, Paz profundizó su viejo sentimiento de soledad. No entreveía la posibilidad de un socialismo democrático antiestalinista como el de George Orwell y los jóvenes escritores estadounidenses reunidos en *Partisan Review*. Concentrado en la cultura francesa y española, desconocía esa publicación. Y en México casi nadie, salvo Victor Serge (el famoso escritor, editor y líder bolchevique acosado por Stalin, que arribaría hasta 1941), representaba esa corriente.

En 1954, Paz escribió una defensa de *Taller*, a la que llegaría a considerar la matriz de las grandes revistas que dirigiría en el futuro. Quería corregir la impresión de que la revista había meramente «abrazado causas sociales». Había intentado mucho más: transformar al hombre, cambiar al mundo y a la sociedad. Para los escritores de *Taller* «el poema era un acto, por su propia naturaleza, revolucionario». Habían sentido «la imperiosa necesidad, poética y moral, de destruir a la sociedad burguesa para que el hombre total, el hombre poético, dueño por fin de su destino, apareciese». Para la mayoría del grupo —agregaba— «amor, poesía y revolución eran tres ardientes sinónimos». ¿Lo había logrado? En *Taller*, el lector encontraba con plenitud (como en la poesía de Paz) los dos primeros elementos, pero el tema de la Revolución y la construcción de un «hombre total» se fue diluyendo o quedó sólo en algunas páginas blasfemas de León Felipe, cuyos poemas inspirarían, en los años cincuenta, al más radical de los revolucionarios latinoamericanos, al Che Guevara.

Esta dilución del espíritu revolucionario en *Taller* reclamaba otra explicación, y Paz la dio (o la encontró, como tantos otros aspectos de su biografía) mucho tiempo después, en 1981. Encarnando «auténticas y obscuras, pero desnaturalizadas, aspiraciones religiosas», su generación había vivido con la esperanza de la futura «fraternidad revolucionaria», había creído «en la inminencia del Gran Cambio», había querido «volver al Gran Todo, rehacer la unidad del principio del principio» y restablecer —como los románticos— la unidad de dos palabras: *poesía/ historia*. ¿Qué les había faltado? A su juicio, les había faltado «una conjunción con el surrealismo», con su temple moral, con su imaginación y libertad. Pero ese encuentro —que Cuesta, estudioso y admirador de Breton, habría aplaudido— les estaba vedado por motivos ideológicos. «Nuestra defensa de la libertad del arte y de la poesía —concluyó— habría sido intachable a no ser por una falla moral y política que ahora me ruboriza. En *Taller* se podían profesar todas las ideas y expresarlas pero, por una prohibición no por tácita menos rigurosa, no se podía criticar a la Unión Soviética.»

VII

A principios de 1941, *Taller* desapareció y Paz tenía un trabajo ingrato en el Banco de México: contaba billetes fuera de circulación con las manos enfundadas para luego quemarlos. No podía escapársele la paradoja: en alguna de sus «Vigilias» escritas en 1935 y publicadas luego en *Taller*, había escrito «el dinero no tiene fin ni objeto, es, simplemente, un mecanismo infinito, que no conoce más ley que la del círculo... No tiene ningún sabor terrenal. No sirve para nada, puesto que no se dirige a nada». Y en Yucatán había compuesto el poema contra el dinero que movía los hilos de la esclavitud henequenera. Ahora el dinero se había vuelto contra él, movía sus hilos.

Además del desaliento que siguió a la derrota de la República española, en la desaparición de *Taller* en febrero de 1941 incidieron otros factores como el cansancio de unos y el encono –no exento de incomprensión y celos– entre mexicanos y españoles. (Efraín Huerta recordaba con malicia que la revista había muerto de «Influencia española».) Pero quizá lo decisivo fue un cambio en la estructura material y la orientación en la cultura mexicana. En el México de principios de los cuarenta, una pequeña revista como *Taller* competía por el mecenazgo (casi siempre oficial) con nuevas instituciones, revistas e iniciativas culturales de corte más académico. La cultura abandonaba su vocación revolucionaria y se volvía institucional. Pasaba de la imprenta a la academia; de los libros, las revistas y los diarios a las aulas y las grandes editoriales. Algunas de estas instituciones como La Casa de España o el Fondo de Cultura Económica eran de excelencia, pero su financiamiento era estatal.

Este cambio en la cultura institucional correspondía a una transformación más amplia de la política y la economía mexicanas. Los años treinta habían sido ideológicos, polarizados, revolucionarios. Habían comenzado con la caída de Wall Street y terminado con el estallido de la Segunda Guerra Mundial y el Pacto Hitler–Stalin. El México de los cuarenta (aunque le declara la guerra al Eje en 1942) se volvió un apacible y atractivo puerto de abrigo para los refugiados del conflicto. Aunque el nuevo presidente Manuel Ávila Camacho (1940–1946) había sido lugarteniente de Cárdenas, su talante era más conciliador. De común acuerdo con su antecesor, «el Presidente Caballero» suavizó desde el poder la lucha de clases, se declaró creyente en materia religiosa, detuvo el reparto en el campo, y se concentró en la construcción y consolidación de instituciones públicas como el Seguro Social y Petróleos Mexicanos. El país se beneficiaba económicamente de la guerra y arrancaba su incipiente proceso de industrialización. Sobrevino un auge del turismo.

Se empezaba a hablar del «fin de la Revolución» y algunos bautizaban ya la nueva era como un «neoporfirismo»: no por nada comenzaban a aparecer películas que idealizaban la vida del campo en las haciendas anteriores a la Revolución y nostálgicas remembranzas sobre «los tiempos de Don Porfirio». El cine mexicano entró en su «época de oro»: sus películas, canciones y artistas se volvieron famosos en toda América Latina y aun en España. Octavio Paz, urgido de dinero, no lograría sustraerse a la corriente y en 1943 llegó a colaborar en algunos diálogos y letras de canciones para *El rebelde*, película del famoso actor Jorge Negrete. El libreto era una decorosa adaptación de una novela de Pushkin hecha por el escritor trotskista, amigo muy cercano de Gide, Jean Malaquais, con quien Paz había entablado una reciente amistad. En una escena, Negrete canta desde el balcón una furtiva canción a su amada que lo escucha en secreto, sin poder verlo. La letra es inconfundiblemente paciana:

> No te miro con los ojos,
> cuando los cierro te miro
> y en mi pecho te aprisiono
> con cerrojos de suspiro.
>
> Nunca mis labios te nombran,
> tu nombre son los latidos
> y sus sílabas la sangre
> de mi corazón partido.

El estilo, y la angustia casi masoquista del amante, revelaban la marca poética de Paz.

Pero Paz no estaba hecho para una nueva versión de «la paz, el orden y el progreso». El aburguesamiento de México le repugnaba. Lo vivía como una traición histórica. Él seguía arraigado sentimentalmente en la revolución campesina y zapatista, e ideológicamente a la Revolución mundial profetizada por Marx, que debía advenir en Europa al final de la guerra. Para Paz, el marxismo no sólo formaba parte de «nuestra sangre y nuestro destino», sino que era un pensamiento abierto que había que desarrollar. En lo personal, su horizonte era incierto. Profesionalmente seguía siendo un desarraigado. Su vida —como la de su abuelo y su padre— era inseparable de la imprenta y la vida pública, de la escritura y el lector. Lo suyo era la edición de revistas, no en un sentido académico sino de combate político y poético, pero las posibilidades de hacerlo se estrechaban.

En esas circunstancias, nunca abandonó su obra personal. Paz siguió publicando en las revistas mexicanas que sobrevivían como *Letras de México*, la meritoria aunque ecléctica y apolítica revista cultural que desde 1937 publicaba Octavio Barreda, y *Tierra Nueva*, una efímera y apolítica revista de los jóvenes José Luis Martínez y Alí Chumacero (allí aparece, como un suplemento a mediados de 1941, su libro *Bajo tu clara sombra*). En 1942 publica *A la orilla del mundo*. José Luis Martínez —que desde entonces apuntaba como el más destacado crítico e historiador de la literatura— lo saludó así: «Un acento personalísimo e intenso, una riqueza poética inusitada y una plenitud lírica sólo equiparable a la de algunos de los grandes nombres de la poesía mexicana, patentiza Octavio Paz en su reciente obra con la que da un firme paso en una carrera poética que sin duda llegará muy lejos.» Adicionalmente, Paz no descuidó publicar en *Sur*, la mejor revista literaria de esas décadas, dirigida en Buenos Aires por Victoria Ocampo y cuyo secretario de redacción, José Bianco, se convirtió en un gran amigo suyo.

Pero la falta de una revista propia lo torturaba. Era, junto a la poesía, su forma de hacer la Revolución, de estar en el mundo. No fue casual que en el último número de *Taller* (enero-febrero 1941) se hubiese preguntado: «¿cuándo podremos publicar sin angustia, libres de cualquier resentido burócrata metido a dictador de la cultura, supremo dispensador de los "premios a la virtud perruno-literaria"? ¿Cuándo —¡oh México!—, país de licenciados, generales y muertos de hambre?» Era difícil porque, como apuntaba Martínez a fines de 1942, «aún no ha sido posible organizar en México un público para la literatura». En noviembre de ese año, Paz vuelca su desazón en un recuerdo del poeta español Miguel Hernández, recientemente fallecido en una cárcel de su pueblo natal. Escuchándolo cantar canciones populares en Valencia en 1937 había compartido la «pasión verdadera». Ahora prefería dejar atrás todo eso: «déjame que te olvide porque el olvido de lo que fue puro y de lo verdadero, el olvido de lo mejor, nos da fuerzas para seguir viviendo en este mundo de compromisos y reverencias, de saludos y ceremonias, maloliente y podrido».

* * *

¿Dónde orientar la rebeldía? No es casual que en esos días se haya hecho amigo de Juan Soriano, un jovencísimo pintor jalisciense a quien por sus excesos y excentricidades, sus borracheras y tormentos, llamaban «el Rimbaudcito». Era difícil encontrar un personaje menos convencional y más libre. Soriano se destacó entonces como retratista, un género que hundía sus antiguas raíces populares en el occidente de México. En un artículo publicado en *Tierra Nueva* en 1941, Paz retrató a su amigo retratista como un niño «permanente, sin años, amargo, cínico, ingenuo, malicioso, endurecido, desamparado, viejo; petrificado, apasionado, inteligente, fantástico, real». ¿«Qué infancia triste, qué lágrimas o que soledad» –se preguntaba Paz, en 1941– había detrás de la pintura de Juan Soriano? En la desamparada infancia de Soriano –«barandales y corredores por los que corren niños solitarios, siempre a punto de caer en el patio»–, Paz vio un espejo de la suya propia. Esa pintura revelaba:

Una infancia, un paraíso, púa y flor, perdido para los sentidos y para la inteligencia, pero que mana siempre, no como el agua de una fuente, sino como la sangre de una entraña. Nos revela, y se revela a sí mismo, una parte de nuestra intimidad, de nuestro ser. La más oculta, mínima y escondida; quizá la más poderosa.

Convivieron mucho en el Café París y en fiestas y borracheras memorables. Los unió algo más. La vida paralela de sus padres, ambos alcohólicos y disipados. Paz había recogido los restos de su padre en una estación de ferrocarril, pero no pudo siquiera velarlo. El duelo quedó allí, postergado, opresivo, hasta que la muerte del padre de su amigo lo liberó. «Cuando Octavio vio a mi padre enfermo —recordaría Soriano— se sintió aludido porque revivía recuerdos tristes y se portó excelente.» En esa agonía «no dejó de ir un solo día a verlo… Al morir mi padre, el poeta me acompañó y cargó el cajón en hombros en el cementerio, porque para él su padre y su abuelo habían sido esenciales».

Juan Soriano vivió de cerca la relación de Octavio y Elena. «¡Pocas mujeres de la época más deslumbrantes!», apuntó. (Soriano, por aquel entonces, pintaba sobre todo mujeres, y su idea platónica era capturar el alma irrepetible de cada una.) Por esos años pintó un retrato perturbador de Elena. «El retrato de Elena Garro —escribió— seduce a quien lo conoce.» Y en efecto, allí está como debió de ser, una belleza áurea, enigmática y cerebral. Sentada en una terraza, tras ella se advierte una puerta cerrada, acaso la misma que —como evocaba Soriano— se cerró muchas noches para Octavio Paz. Su poema sobre este retrato («A un retrato») fluye entre imágenes de ternura y deseo y toques de amenaza, casi de horror:

> [...] Los pálidos reflejos de su pelo
> son el otoño sobre un río.
> Sol desolado en un desierto pasillo,
> ¿de quién huye, a quién espera,
> indecisa, entre el terror y el deseo?
> ¿Vio al inmundo brotar de su espejo?
> ¿Se enroscó entre sus muslos la serpiente?...

En el recuerdo de Juan, ella lo martirizaba: «De por sí era muy competitiva pero con él tiraba a matar. ¡Qué impresión tremenda!» Paz en cambio, «reconocía su inteligencia», la alimentaba y procuraba. Soriano los visitaba con frecuencia. «En esos años nació "la Chatita", Laura Helena; la recuerdo muy chiquita. Ambos la adoraban.»

* * *

En los primeros meses de 1943, Paz convence a Octavio Barreda, editor de la revista *Letras de México*, a embarcarse en la publicación de una revista «de categoría». Se llamaría *El Hijo Pródigo*. Fue, mucho más que *Taller*, un lugar de encuentro entre generaciones, tradiciones, géneros. Una ingeniosa división en cuatro tiempos sugerida seguramente por Paz (Tiempo, Destiempo, Contratiempo, Pasatiempo) normaba el índice. Se publicaron poemas de autores españoles y mexicanos, algunos cuentos, ensayos célebres («La música en la poesía» de T. S. Eliot); se recordaron autores intemporales (John Donne, san Juan de la Cruz, Lulio, Plotino, Plutarco); no se rehuyó la agria polémica con los acartonados practicantes del nacionalismo cultural y el «realismo socialista». Muy atractiva en su diseño de viñetas y reproducciones, la revista ejerció crítica de libros con una seriedad sin precedentes. Se publicó mucho teatro (como la célebre obra *El gesticulador*, de Rodolfo Usigli) y se dio un lugar primordial a las artes plásticas. *El Hijo Pródigo* contaba con una buena cantidad de anuncios de entidades públicas y empresas privadas. Aunque desde un inicio Paz apareció sólo como uno de los redactores, en los hechos dirigió la revista hasta octubre de 1943. Publicó sus poemas, críticas de poesía y un ensayo fundamental en su biografía: «Poesía de soledad y poesía de comunión». Hizo más: buscó activamente, sin lograrlo, la colaboración de los grandes autores de *Sur*, como Adolfo Bioy Casares y Jorge Luis Borges.

Al paso del tiempo, Paz recordaría *El Hijo Pródigo* con afecto pero con menos pasión que *Taller*, que había sido su auténtica trinchera. Él le había tratado de imprimir una «política intelectual definida», que con su ausencia se desdibujaría. Por eso le gustaba citar un editorial suyo, de agosto de 1943: «El escritor, el poeta, el artista, no son instrumentos ni su obra puede ser ese proyectil ciego que muchos suponen. La única manera de derrotar a Hitler y a lo que significa como mal universal es rescatar en el campo de la cultura la libertad de crítica y denuncia [...] El totalitarismo no es fruto de la maldad ingénita de este o aquel pueblo: allí donde el hombre es simplemente un *medio*, un *instrumento* o un objeto de especulación, allí germina el totalitarismo.»

El escrito tuvo un contexto significativo porque, al menos tácitamente, Paz comenzaba a entrever que el totalitarismo podía no ser privativo de Alemania. El mundillo literario de México, pequeño pero rijoso, acababa de cimbrarse con un pleito entre Neruda y Paz que se volvería legendario. Desde 1940, Neruda era cónsul de Chile en México. Paz y él se frecuentaban. Pero surgió la manzana de la discordia: la publicación de *Laurel*, una antología de poesía española en la que Paz no se ajustó a los patrones que hubieran satisfecho a Neruda. El chileno detestaba a los «poetas celestes, los gidistas, intelectualistas, rilkistas miserizantes, amapolas surrealistas». La querella verbal en un restaurante llegó a los golpes. Poco después, antes de partir de México, Neruda hizo declaraciones sobre la «absoluta desorientación» y la «falta de moral civil» que imperaba en la poesía mexicana. Paz y sus jóvenes amigos de *Tierra Nueva* respondieron con textos durísimos. En su «Respuesta al cónsul», Paz escribió:

El señor Pablo Neruda, cónsul y poeta de Chile, también es un destacado político, un crítico literario y un generoso patrón de ciertos lacayos que se llaman «sus amigos». Tan dispares actividades nublan su visión y tuercen sus juicios: su literatura está contaminada por la política, su política por la literatura y su crítica es con frecuencia mera complicidad amistosa. Y así, muchas veces no se sabe si habla el funcionario o el poeta, el amigo o el político.

Este rompimiento definitivo en el orden estético lo alejaba un paso más de la corriente ideológica afín a la URSS. Seguiría abrazando el marxismo y admirando a Lenin, pero en la nueva perspectiva del mundo y el país no estaba del todo claro lo que esa adhesión, en concreto, significaba para él.

* * *

La cultura en los cuarenta no sólo había cambiado de estructura institucional y material: había cambiado de foco. El interés colectivo no estaba ya en la palabra «Revolución», sino en la palabra «México». Igual que en 1915, cuando la Primera Guerra Mundial aisló a México y favoreció un primer momento de introspección, durante la Segunda Guerra Mundial la cultura mexicana se volcaba una vez más sobre sí misma. Un término comenzó a ponerse de moda: «autognosis». De hecho, fue utilizado por primera vez en 1934 por el filósofo Samuel Ramos que en su libro seminal, *El perfil del hombre y la cultura en México*, diagnosticó (con actitud de terapeuta social; era lector de Adler) que la cultura mexicana sufría de un innato complejo de inferioridad. Esta corriente de introspección tuvo un impulso mayor en los españoles transterrados. Ya los filósofos, historiadores y escritores de la Generación del 98 –Unamuno, Ortega, Machado, Azorín– habían publicado famosas «meditaciones» sobre el ser español. Ahora sus sucesores importan y transfieren ese género de reflexión a su nuevo hogar. Quizá el primero es el poeta y pintor José Moreno Villa, que en 1940 publicó un pequeño y precioso volumen *Cornucopia de México* sobre los gestos, ademanes, costumbres, actitudes y palabras idiosincrásicas que había ido recogiendo en sus viajes por su nueva patria. Una presencia decisiva en esos años es el filósofo José Gaos, ex rector de la Universidad de Madrid y discípulo de Ortega y Gasset. Arraigado de manera permanente en el país desde 1938, Gaos alienta las primeras revisiones sobre «historia de las ideas» en México. Dos discípulos descuellan en ese proyecto: Leopoldo Zea, que publica su famoso libro sobre *El positivismo en México*, y Edmundo O'Gorman, que escribe *La idea de América*. El ambiente introspectivo es tal que Alfonso Reyes, el viejo de la tribu, se atreve por primera vez a revisar la trayectoria de su generación y publica su ensayo «Pasado inmediato».

Pero cuando la cultura mexicana iba en busca de sí misma, el joven Paz –a pesar de su desarraigo, o debido a él– se había adelantado al menos en dos vertientes: la reflexión poética y la crítica artística. En su primera colaboración en la revista *Sur* (agosto de 1938), Paz interpretó el libro *Nostalgia de la muerte* de Xavier Villaurrutia como un espejo del «espíritu mexicano», de lo «específicamente nuestro»:

Iluminando —o ensombreciendo, poéticamente— todas estas conquistas, yo encuentro, palpo, lo mexicano. Lo mexicano que en él, como en todos nosotros, circula invisible e invenciblemente: como el aire impalpable y cálido de nuestros labios o el color, levemente triste y danzante, tímido, de nuestras palabras. De nuestras dulces palabras mexicanas, esas mismas que se hacen plásticas en una boca castellana y que en nosotros pierden todo su cuerpo, todo su iluminado contorno.

Otro texto sobre el mismo tema apareció en *El Popular*, el 28 de octubre de 1941. Se tituló «Sobre literatura mexicana». Las preguntas que se hacía Paz no eran en absoluto académicas: ¿Cuándo encontró y cuándo perdió su expresión (vale decir, su sentido, su *ser*) el pueblo mexicano? ¿Cómo recuperarla? ¿Quién la recuperará? Paz formula entonces, quizá por primera vez, su visión de la Revolución mexicana como el momento de *encuentro* del mexicano consigo mismo. Mantener vivo ese encuentro debía haber sido el empeño de los escritores y los políticos, pero todos habían abandonado al pueblo:

Ellos hicieron hermético, insensible al pueblo mexicano, que por primera vez en su historia había despertado. Ahora todos hemos vuelto a la soledad y el diálogo está roto, como están rotos y quebrados los hombres [...] Y sin embargo, habrá que reanudar ese diálogo. Porque debe haber alguna manera, alguna forma que abra los oídos y desate las lenguas.

El encargado de «abrir los oídos y desatar las lenguas» era el poeta. En aquel texto Paz comenzó a vislumbrar una «ética del poeta» tan «mística y combativa» como la que había delineado en *Barandal*, pero ya no centrada en la Revolución mundial sino en México, en los misterios de México. «Tanto como alimentarse de un pueblo, la poesía alimenta al pueblo. Se trata de un doloroso intercambio. Si el pueblo le da substancia a la poesía, la poesía le da voz al pueblo. ¿Qué hacer con un pueblo silencioso, que ni quiere oír ni quiere hablar? Y ¿qué hacer con una poesía que se alimenta de aire y soledad?» Para salir de ese laberinto, el poeta contaba con el rico instrumento del español: «un idioma maduro [...] que ha sufrido todos los contactos, todas las experiencias de Occidente». Con él había que expresar «lo más nebuloso: un pueblo amaneciendo».

Expresar al pueblo era «hacerlo»: «porque nuestro país está deshecho o aún no nace totalmente». El poeta debía literalmente *hacer* a México. Para ello, la literatura mexicana, siempre ávida y curiosa por lo universal, debía mirar «hacia nosotros mismos, no para buscar la novedad ni la originalidad, sino algo más profundo: la autenticidad». Esa «mexicanidad» buscada por todos no era una estampa nacionalista, «alevosa y preconcebida». ¿Qué era? Sólo el poeta, consustanciado con el pueblo, podía encontrarla. ¿Cómo? Dejando operar al «misterio» y al sueño: «cuando soñamos que soñamos está próximo el despertar». La «mexicanidad», esa «invisible sustancia», estaba en alguna parte:

> No sabemos en qué consiste, ni por qué camino llegaremos a ella; sabemos, oscuramente, que aún no se ha revelado y que hasta ahora su presencia, en los mejores, sólo ha sido una especie de aroma, leve y agrio sabor. Cuidemos que el exceso de vigilancia no la ahuyente; ella brotará, espontánea y naturalmente, del fondo de nuestra intimidad cuando encontremos la verdadera autenticidad, llave de nuestro ser. El amor está hecho de sueños y celo, de abandono y exigencia. Soñemos despiertos.

* * *

Para emprender la búsqueda de aquella «sustancia invisible», el bagaje de Paz era insuperable. Su «mexicanidad» tenía diversas raíces: una filiación probada y ganada en el árbol de la cultura mexicana; una impecable genealogía revolucionaria —los Paz en las guerras mexicanas—; lúcidas, exhaustivas y puntuales lecturas críticas de los escritores mexicanos remotos y recientes; y hasta una indeleble topografía grabada en la memoria.

Aquel hombre de 30 años comenzó a entender el milagro cifrado en su biografía: no sólo hundía sus raíces en el tiempo de México, sino en sus espacios sagrados. Todo comenzó a parecerle una escritura cifrada. Mixcoac —el pueblo y la palabra— era una miniatura mexicana, una metáfora de los siglos detenida en el tiempo, y la pequeña Plaza de San Juan, frente a la casona de don Ireneo, era el centro espiritual de esa miniatura. A lado estaba la casa del gran liberal del siglo XIX, Valentín Gómez Farías, enterrado en su jardín porque la Iglesia le había negado el derecho a la cristiana sepultura. No lejos, seis escuelas laicas y religiosas para niños y niñas, la Plaza Jáuregui, sede del poder civil donde se conmemoraba la Independencia, y justo enfrente, la pequeña iglesia del siglo XVII, en cuyo atrio se festejaba el día de la Virgen:

En las torres las campanas tocaban. Minuto a minuto brotaban, no se sabía de dónde, serpientes voladoras, raudos cohetes que, al llegar al corazón de la sombra, se deshacían en un abanico de luces… los vendedores pregonaban sus dulces, frutas y refrescos… A media fiesta, la iglesia resplandecía, bañada por la luz blanca, de otro mundo: eran los fuegos artificiales. Silbando apenas, giraban en el atrio las ruedas… Un murmullo sacudía la noche: y siempre, entre el rumor extático, había alguna voz, desgarrada, angustiosa, que gritaba: «¡Viva México, hijos de…!»

El texto de Paz es de 1943, pero las imágenes corresponden a su infancia y juventud.

Y pasmosamente, no sólo el pasado colonial había seguido vivo e intocado en el Mixcoac del joven Paz. También el prehispánico. A Ifigenia, la cocinera indígena de la casa, Paz la recordaría «bruja y curandera, me contaba historias, me regalaba amuletos y escapularios, me hacía salmodiar conjuros contra los diablos y fantasmas...» Con ella se inició en los misterios del *temazcal*, «no era un baño sino un renacimiento». Por si fuera poco, el niño que había sido no sólo convivía con la cultura indígena viva, sino que desenterraba —literalmente— a la muerta o, mejor dicho, a la cultura indígena subterránea, latente, presente. En sus andanzas por las afueras del pueblo con sus primos mayores —entre ellos el astrónomo Guillermo Haro Paz—, Octavio vivió un episodio realmente prodigioso: el grupo de niños descubrió un montículo prehispánico (que ahora está a la vista al lado del «Anillo periférico»). Notificado de él, don Manuel Gamio —fundador de la moderna antropología mexicana en tiempos de Vasconcelos, y amigo de la familia— testificó su autenticidad. ¡Un verdadero descubrimiento! ¡Un templo dedicado a Mixcóatl, la deidad fundadora del pueblo!

Ése era el orden perdido, la «unidad del principio del principio», el «Gran Todo» al que alguna vez tendría que volver poéticamente. En permanente vigilia, en la soledad de su laberinto, Paz soñaba despierto, soñaba su propia obra futura.

*   *   *

Entre abril y noviembre de 1943 publicó en el diario *Noveda-des* una serie de artículos sobre «lo mexicano». No contienen aún la revelación de *El laberinto de la soledad*, pero son antici-paciones de lo que años más tarde escribiría en París. En esos textos –libres, crueles, perspicaces–, el poeta hace un amplio rastreo psicológico del mexicano. Su mirada es sobre todo moral: quiere penetrar en las actitudes típicas del mexicano para liberarlo de ellas. Escudriña en el sentido profundo de palabras populares como el «vacilón» o el «ninguneo». En «El arte de vestir pulgas» explica el genio mexicano por la minia-tura como una compensación a la volcánica monumentalidad del paisaje. Hace una cruda fenomenología de los persona-jes que pululan en la política mexicana («el agachado», «el mordelón», «el coyote», «el lambiscón») y una profilaxis del vocabulario político y social («coyotaje», «mordida», «borre-gada», «enjuague»). Y como una advertencia irónica contra la facilidad de los análisis «mexicanistas», una frase: «Mon-taigne sabía más sobre el alma de los mexicanos que la mayor parte de los novelistas de la Revolución.» Él encontraría el equilibrio justo para revelar esa alma desde una perspectiva universal: un Montaigne mexicano.

*   *   *

En aquellos años de crisis personal e incubación poética, Paz amplió el abanico de artistas mexicanos sobre los que escribió artículos y ensayos animados por una mirada crítica y original. Esta atención exhaustiva sobre los exponentes históricos y contemporáneos de la cultura mexicana sería una constante en su obra. A sabiendas de que era ya una sólida rama del árbol de la cultura mexicana, Paz se sentía obligado a recoger esa tradición. Recogerla para valorarla y situarse en ella. Así escribió un obituario de su amigo Silvestre Revueltas, fallecido en octubre de 1940. Así también publicó una viñeta desgarrada y tierna sobre Juan Soriano, así leyó al poeta Pellicer e interpretó al paisajista del Valle de México José María Velasco. En cada perfil, Paz dejó un trazo del arte al que él mismo aspiraba: él también —como Revueltas— «no amaba el desorden ni la bohemia; era, por el contrario, un espíritu ordenado, puntual y exacto». Soriano, en su rebeldía y orfandad, era su casi hermano. De Pellicer había aprendido a escuchar y ver la poesía de la naturaleza, presencia constante en su obra. Y aun en el frío Velasco, águila desdeñosa que desde su atalaya porfiriana había pintado paisajes desolados, vacíos de humanidad, Paz rescataba la importancia «del rigor, la reflexión, la arquitectura [su obra] nos advierte de los peligros de la pura sensibilidad y de la sola imaginación». Y no sólo se veía en el espejo de los autores mexicanos, sino de los poetas españoles que admiraba. Sobre Cernuda: «no encontramos en sus páginas las ingeniosidades, las complicaciones pseudofilosóficas, el opulento y hueco barroquismo […] Transparencia, equilibrio, objetividad, claridad de pensamiento y de palabras son las virtudes externas de [su] prosa».

Pero entre todas aquellas lecturas sobresale la que dedicó, en el número final de *Taller* (enero-febrero de 1941), a una reciente edición de las *Páginas escogidas* de José Vasconcelos. Paz no ignoraba ni menos condonaba el vuelco ideológico atroz de Vasconcelos, que desde febrero de 1940 dirigía la revista *Timón*, pagada por la embajada alemana. Pero Paz encontraba extraordinario su ímpetu romántico y sobre todo la *encarnizada* polémica que su obra y su persona provocaban en México. A sus ojos, Vasconcelos había sido «fiel a su tiempo y a su tierra, aunque le hayan desgarrado las entrañas las pasiones». Ante todo, le parecía un gran artista, «un gran poeta de América; es decir, el gran creador o recreador de la naturaleza y los hombres de América». Su obra era «la única, entre las de sus contemporáneos, que tiene ambición de grandeza y de monumentalidad». Vasconcelos había querido «hacer de su vida y de su obra un gran monumento clásico»:

Palpita en él, al propio tiempo que el arrebato, la pasión del orden, la pasión del equilibrio; sus mejores páginas sobre estética son aquéllas en que habla del ritmo y de la danza: entiende el orden, la proporción, como armonía, como música o ritmo. Hay en su obra una como nostalgia de la arquitectura musical... Pasará el tiempo y de su obra quedarán, quizá, unas enormes ruinas, que muevan el ánimo a la compasión de la grandeza y, ¿por qué no?, alguna humilde, pequeña veta, linfa de agua pura, viviente, eterna: la de su ternura, la de su humanidad. Su autenticidad, tanto como su grandeza, son testimonios de su viril, tierna, apasionada condición, y esta condición es lo que amamos en él, por encima de todo.

Dos años más tarde, en una conferencia en Oaxaca, estado natal de Vasconcelos, Paz afina aún más su propia vocación de «grandeza» que no es exagerado llamar «vasconceliana». Como en un espejo titánico, en las primeras páginas de *Ulises criollo*, Vasconcelos lo había prefigurado:

Toda la odisea vasconceliana es una odisea espiritual: la del viajero que regresa, no tanto para administrar su hogar, como el griego, sino para redescubrirlo... No importa que Vasconcelos, por un espejismo de precursor, se haya detenido a la mitad del viaje, en las formas hispánicas de la nacionalidad; su obra es una aurora. No nos importa tanto su hallazgo como su dirección. Por eso es, también, una lección. Él nos muestra que no es necesario esperar a la plena madurez de México para atreverse a expresarlo.

Ahora tocaba a Paz el turno de reanudar ese camino, de trascender la aurora, de llegar al mediodía, de expresar a México:

Y quizás el poeta que logre condensar y concentrar todos los conflictos de nuestra nación en un héroe mítico no sólo exprese a México sino, lo que es más importante, contribuya a crearlo.

La obra de Vasconcelos era una «aurora», pero Vasconcelos se había perdido. Ahora él, Paz, sería el sol de mediodía: «¿Por qué en donde tantos han fracasado no ha de acertar la poesía, develando el secreto de México, mostrando la verdad de su destino y purificando ese destino?»

Paz avanzaba en definir su propio perfil. El poeta debía ser un profeta visionario del ser nacional que, al revelarlo, lo redimía y, más aún, lo creaba. El poeta no buscaría «la imitación de una realidad informe y deshecha cuanto la invención, la creación, mejor dicho, de esa realidad». El poeta seguiría la consigna de Rimbaud: «la poesía no pondrá ritmo a la acción: se le adelantará». El poeta hallaría «el mito que no sólo expresa a la realidad sino que, representándola en una acción imaginativa y hermética, también la prefigura y la modela; al revelarla, la obliga a seguir los dictados de su misteriosa inspiración: la constriñe a alcanzar las metas que se propone [...] a modelarse conforme a lo más alto y, mejor, a lo más original y auténtico». En «Poesía de soledad y poesía de comunión», Paz sintetizaba su misión:

Entre estos dos polos de inocencia y conciencia, de soledad y comunión, se mueve toda poesía. Los hombres modernos, incapaces de inocencia, nacidos en una sociedad que nos hace naturalmente artificiales y que nos ha despojado de nuestra sustancia humana para convertirnos en mercancías, buscamos en vano al hombre perdido, al hombre inocente. Todas las tentativas valiosas de nuestra cultura, desde fines del siglo XVIII, se dirigen a recobrarlo, a soñarlo. Rousseau lo buscó en el pasado, como los románticos; algunos poetas modernos, en el hombre primitivo; Carlos Marx, el más profundo, dedicó su vida a construirlo, a rehacerlo.

Expresamente reivindicaba la tradición romántica y revolucionaria: «El poeta expresa el sueño del hombre y del mundo… En la noche soñamos y nuestro destino se manifiesta porque soñamos lo que podríamos ser. Somos ese sueño y sólo nacimos para realizarlo. Y el mundo —todos los hombres que ahora sufren o gozan— también sueña y conspira y anhela vivir a plena luz su sueño. La poesía, al expresar estos sueños, nos invita a la rebelión, a vivir despiertos nuestros sueños. Ella nos señala la futura edad de oro y nos llama a la libertad.» Muy pocos escritores mexicanos, tal vez sólo Vasconcelos, Paz y Revueltas, a pesar de sus diferencias ideológicas, habían pensado y pensarían así.

*   *   *

Una visión así tenía que chocar necesariamente con el «neoporfirismo» circundante. A pesar de sus hallazgos, su bagaje poético y personal y su ambición heroica, para Paz el lustro 1938-1943 había sido de crisis. El país se le estaba volviendo inhabitable. No sólo lo incomodaban la ostentosa y retórica cultura oficial, la orientación económica y el *Termidor* de la política revolucionaria. También su desarraigo profesional. No quería incorporarse al aparato cultural dependiente del Estado ni a la academia, pero fuera de esas instituciones —a menos de poseer fortuna personal, que no era su caso— no había posibilidades reales de ganarse la vida. Otra alternativa siempre abierta para los escritores mexicanos era la diplomacia, pero quizá Paz en ese momento no la vislumbraba. Para colmo, lo torturaba su vida íntima. Se sentía rodeado de «un mundo de mentiras»:

La mentira inunda la vida mexicana: ficción en nuestra política electoral; engaño en nuestra economía, que sólo produce billetes de banco; mentira en los sistemas educativos; farsa en el movimiento obrero (que todavía no ha logrado vivir sin la ayuda del Estado); mentira otra vez en la política agraria; mentira en las relaciones amorosas; mentira en el pensamiento y en el arte; mentira en todas partes y en todas las almas. Mienten los reaccionarios tanto como nuestros revolucionarios; somos gesto y apariencia y nada, ni siquiera el arte se enfrenta a su verdad.

Con ese mismo tono publicó otros textos en 1943. Uno particularmente feroz fue «La jauría». Allí dirigió sus baterías a la crisis cultural. México era el país de la *inautenticidad*. Nada escapó a su crítica lúcida e implacable. Cada crítica tenía un destinatario. Era la crítica de un revolucionario desencantado de sus contemporáneos que utilizaban la revolución para prosperar y trepar. El cine mexicano —tan alabado internacionalmente— «especulaba groseramente con los sentimientos religiosos y con las mejores emociones del pueblo». Los periódicos preferían el chisme a la crítica, el rumor a la polémica. La simulación había llegado a la literatura: «Incapaces de realizar una crítica creadora y honrada», los nuevos «críticos» ofendían e injuriaban a quienes disentían de los nuevos «caudillos o jefecillos literarios». «Las divagaciones místico-indigenistas se visten con el ropaje de la novela y hasta del marxismo; los pintores prefieren redactar artículos a pintar cuadros.» La academia había desnaturalizado también a la cultura auténtica y libre. En una velada alusión a la escuela historicista de José Gaos, muy en boga, escribió: «los señoritos y las señoritas de la clase media disfrazan su cobardía de imparcialidad, su beatería de narcisismo, su ocio de literatura, y nos quieren vender otra vez su vieja mercancía colonialista, ahora ungida por rótulos filosóficos que compran en el expendio de la Facultad de Filosofía y Letras».

«Poesía de soledad y poesía de comunión» culminaba con una verdadera epístola contra los poetas:

¿Y qué decir de los discursos políticos, de las arengas de los editoriales de periódico que se enmascaran con el rostro de

la poesía? ¿Y cómo hablar sin vergüenza de toda esa literatura de erotómanos que confunden sus manías o sus desdi-
chas con el amor? Imposible enumerarlos a todos: a los que
se fingen niños y lloriquean porque la tierra es redonda;
a los fúnebres y resecos enterradores de la alegría; a los
juguetones, novilleros, cirqueros y equilibristas, a los joro-
bados de la pedantería; a los virtuosos de la palabra, piano-
las del verso, y a los organilleros de la moral; a los místicos
onanistas; a los neocatólicos que saquean los armarios de
los curas para ataviar sus desnudas estrofas con cíngulos y
estolas; a los papagayos y culebras nacionalistas, que cantando y silbando expolian a la triste Revolución Mexicana; a los vates de ministerio y los de falansterio; a los
hampones que se creen revolucionarios sólo porque gritan
y se emborrachan; a los profetas de fuegos de artificio y a
los prestigiadores que juegan al cubilete, con dados marcados, en un mundo de cuatro dimensiones; a los golosos
panaderos, pasteleros y reposteros; a los perros de la poesía, con alma de repórter, a los pseudosalvajes de parque
zoológico; olorosos a guanábana y mango, panamericanos
e intercontinentales; a los búhos y buitres solitarios; a los
contrabandistas de la Hispanidad…

Aquello no era sólo una crítica: era una feroz sociología
literaria. El problema, en el fondo, era que México comenzaba a volverse un país desembozadamente capitalista, y Paz
detestaba ese tránsito. Ahí, en el «exceso de dinero, cabarets,

espectáculos, industria y negocios», se había perdido el nervio revolucionario, la inspiración poética y la pasión crítica. La atmósfera contagiaba a la cultura y a la literatura de autocomplacencia, simulación, mediocridad y mentira. Por eso Paz necesitaba salir y logró su propósito. En noviembre de 1943, gracias a una beca Guggenheim, dejaría México. Su primer destino fue San Francisco. En un principio el viaje apuntaba para ser breve, pero resultó definitivo. Con el breve paréntesis de unos años en la década de los cincuenta, su estancia en el exterior se prolongaría por poco más 30 años, hasta 1976. Partió solo a San Francisco. Su esposa e hija lo alcanzarían en unos meses. Al menos un amigo de juventud –Rafael Vega Albela– se había suicidado. El crítico Jorge Cuesta también. «Me fui –confesó alguna vez a David Huerta, hijo de Efraín, su amigo de juventud– porque no quería que me atrapara ni el periodismo ni el alcoholismo.»

* * *

En San Francisco, además de enamorarse de una linda cantante de jazz, Paz da comienzo –casi involuntariamente– a una carrera diplomática que será su principal fuente de ocupación profesional hasta 1968. Esa inserción en el servicio exterior era una vieja tradición en la cultura mexicana. En el papel (algo vago) de relator para la cancillería mexicana, Paz asiste a la Conferencia de San Francisco y redacta informes oficiales y artículos de prensa.

En las calles, Paz se enfrenta de nuevo con la extrañeza de ser mexicano. Viendo a los «pachucos» (mexicanos americanizados) y «viéndose en ellos», tuvo los primeros atisbos del libro liberador que escribiría: «Yo soy ellos. ¿Qué nos ha pasado? ¿Qué ha ocurrido con mi país, con México en el mundo moderno? Porque lo que les pasa a ellos nos pasa a nosotros.» El ensayo que escribe a partir de esas observaciones sería el primer capítulo. La actividad revolucionaria (en el sentido en que la había practicado en su juventud) parecía cada vez más lejana y desdibujada. Obviamente, era incompatible con un empleo oficial. Pero cabía derivarla a la escritura de aquel texto esencial –profético y visionario y, en cierta forma, revolucionario– sobre México.

Una carta dirigida a Víctor Serge refleja su búsqueda, común por lo demás a los grandes poetas de la época. Fechada en Berkeley en octubre de 1944, en ella Paz lamenta la persecución de Serge por parte del aparato cultural ligado a la URSS (Orwell, en su *Diario de guerra*, defendía también a Serge, por el mismo motivo) y decía compartir su pesimismo sobre la posguerra («vamos hacia una Santa Alianza, no sé si bendecida o no por el Papa, pero desde luego por Stalin».) Pero sobre todo le interesaban las actitudes de los escritores y artistas europeos. Le recordaban quizá el zigzagueo religioso e ideológico de México en los años treinta:

Las noticias no pueden ser más desalentadoras: [...] *Time* anuncia el ingreso de Picasso al Partido Comunista. Un fenómeno semejante (rendición del espíritu...) se puede observar aquí: W. H. Auden, el más incitante de los nuevos poetas ingleses, acaba de publicar un libro que niega toda su obra anterior. Cogido entre la revolución traicionada y el mundo «dirigido» que nos preparan, se ha acogido al clavo ardiente de la Iglesia Anglicana; su caso no es el único, aunque sí el más notable, por su talento y por su prestigio. Lo curioso es que cuando esa gente «renuncia al mundo» es cuando más éxito mundano alcanza. Por lo demás, y en otro sentido, el libro de Auden posee intensidad y me parece el fruto de una auténtica experiencia. No intento negar su sinceridad y aun su valentía moral.

Él no pensaba «rendir su espíritu», alinearse a la militancia comunista ni volverse un ingenuo liberal. Debía haber otras opciones. El tránsito por San Francisco —su primera entrada plena a la cultura anglosajona— le ayudó a atisbarlas. Leyó por fin *Partisan Review*, órgano de una izquierda plural y democrática (que incidentalmente en 1944 publicaba una reseña de Eliot sobre un libro de su amigo Malaquais) y se entusiasmó con sus contemporáneos, Karl Shapiro y Muriel Rukeyser:

Los poetas jóvenes, influidos casi siempre por Eliot y en menor grado por Stevens, intentan una poesía más directa y libre, pero desgraciadamente no siempre sus intenciones se transforman en arte verdadero. Es impresionante, de cualquier modo, ver cómo todos estos nuevos valores se atreven a usar un lenguaje vivo, popular, que no retrocede ante el *slang*, y que me parece más efectivo que el que usan los poetas franceses y españoles de nuestros días.

Era «estimulante» –decía Paz– vivir en ese país, «porque la crisis de la inteligencia americana no se resuelve en la retórica domesticidad de México. Siempre es preferible la Iglesia o el vacío a la Secretaría de Educación Pública». Pero seguía sintiéndose responsable de la literatura mexicana:

Si lo que escribimos está escrito en otro lenguaje y muchas veces en otro planeta, es porque nada nos une al pueblo. No basta recoger su lenguaje, usar su ropa y ni siquiera profesar ideas progresistas, como piensan algunos. Es necesario una fe común. Creo que lo mismo pasa en casi todos los países (en este por lo menos)… Muertos los ideales católicos, que constituían una fe común, y fracasada o corrompida la revolución liberal, los pueblos de los países latinoamericanos viven una vida ciega y mineral; sus intelectuales, en cambio, giran en el vacío. Aquí la distancia no es tan grande, pero existe. Me parece que nunca habían estado tan aisladas las formas culturales (y en primer término las políticas) de las necesidades y de los sueños populares como ahora. ¡Cuántas cosas sin expresar! Y lo terrible es que apenas si acertamos a expresar nuestra propia angustia, nuestra propia impotencia…

113

Y al final de la carta, de puño y letra, agregó: «nuestra soledad». Cinco años después, en París, acertaría finalmente a expresarlas.

En su ascenso por la diplomacia, lo ayuda –¿quién lo diría?– el legado amistoso de su padre. Un viejo amigo suyo de 1911, Francisco Castillo Nájera, logra su traslado a Nueva York. Otro ángel tutelar que desde entonces lo protegería de las telarañas burocráticas fue el admirable poeta José Gorostiza. Paz imparte clases en los cursos de verano en Middlebury College y entrevista para *Sur* a Robert Frost. Mientras Elena trabaja a regañadientes para el American Jewish Committee, Paz se presta a hacer algún doblaje en una película y hasta planea alistarse en la marina mercante. Pero en octubre de 1945, el propio Castillo Nájera –providencialmente designado ministro de Relaciones– logra su traslado a París con un puesto formal.

VIII

«París era una fiesta», también para Octavio Paz. En París
lleva una vida compuesta de varias vidas. Una vida personal difícil: una relación ruda y tormentosa con su mujer y
un vínculo estrecho con su hija, a la que envía por entregas
(durante una estancia de ella en Suiza) una novela sobre
unos niños penetrando en el pasado maya a través de un
cenote sagrado. Ahora en París, esa idea casi surrealista de
arqueología literaria se convertiría en un libro de ensayos orgánicamente trabados sobre el tema que ya había
explorado en sus textos de *Novedades*. Una vida diplomática intensa, que cumple con sólidos informes a la cancillería sobre política internacional, europea y francesa.
Una vida de amistades mexicanas y cosmopolitas; y una
tertulia de artistas, filósofos e intelectuales, algunos célebres (Camus, Sartre, Breton), otros cercanos, como el filósofo griego Kostas Papaioannou, con quien habla de la
Revolución rusa y la mexicana. Esas vidas no afectaron su
vida literaria. En 1949, Paz publica su colección de poemas
Libertad bajo palabra. A José Bianco, uno de sus amigos más
cercanos de esa época, el escritor y secretario de redacción

de *Sur*, le confiesa en mayo de 1948: «Los momentos que he dedicado a escribirlos, a corregirlos, a pasarlos en limpio y a ordenarlos, han sido de los más plenos de mi vida.» Su vida como editor no tiene más remedio que esperar, pero Bianco no deja de recibir sus consejos como si Paz, a la distancia, fuese un redactor más de *Sur*. También descansa en él su vida política, domesticada, si se quiere, por la diplomacia.

Su vida amorosa es, como siempre, un campo de combate. Desde San Francisco, Paz había tenido relaciones extramaritales que no ocultaba a su esposa y aun le sugería buscar amantes. En la fiesta cultural de París, con las ventajas materiales del servicio diplomático, la pareja no dejó de compartir una vida social divertida, fugaces vacaciones y momentos de dicha con la «Chatita». Pero los Paz no hallaron paz, armonía ni amor. Elena no encontraba vías para derivar sus talentos y —«Generala» siempre— culpaba a Paz y competía con él. Octavio, al parecer, podía ser impaciente e irascible. Elena, en su diario inédito, lo consideraba controlador, ególatra y confesaba tenerle repugnancia física. Él, recordando unas palabras de su suegro, pensaba seriamente que estaba loca. A menudo hablaban de divorcio. A mediados de 1949 ella escribe en su diario: «Ese 17 de junio (de 1935) Octavio me besó por primera vez [...] Este 17 de junio de 1949 es definitivo en mi vida: se acabó Octavio.» Un «amor loco» había entrado en su vida, el amor por el escritor argentino Adolfo Bioy Casares.

Pero el poeta revolucionario (el de aquella apasionada promesa de 1943) trabaja a mediados de 1949 en una colección de ensayos. Trataban de «un tema que está un poco de moda» —describía, con aparente desdén, a Alfonso Reyes, otro ángel guardián que lo cuidaba desde México—. «Un librito», «un librejo sobre algunos temas mexicanos». Ese librito, ese librejo, que se publicaría en 1950 por la editorial de la revista *Cuadernos Americanos* era *El laberinto de la soledad.*

Se ha hablado y escrito mucho de sus influencias. Paz ha referido la lectura de *Moisés y el monoteísmo* de Freud y la presencia de D. H. Lawrence, sobre quien había escrito: «buscaba, con más desesperación que nadie, las fuentes secretas de la espontaneidad y de la unidad en lo más oscuro, antiguo e inefable del hombre, en aquello que no admite explicación sino intuición, comunión y no comunicación: la sangre, el misterio de la naturaleza». Pero las fuentes primordiales de ese libro primordial no eran externas, eran íntimas.

Búsqueda de sí mismo en México y de México en sí mismo. Entrada —y, en ese mismo instante, salida— del laberinto de *su* soledad, *El laberinto de la soledad* puede leerse como la piedra roseta de su biografía. ¿Quién es el hombre que en el capítulo «Máscaras mexicanas» «se encierra y se preserva»? ¿El que «plantado en su arisca soledad, espinoso y cortés al mismo tiempo, celoso de su intimidad, no sólo no se abre: tampoco se derrama»? Lo caracteriza «la desconfianza [...] la reserva cortés que cierra el paso al extraño». Es el mexicano del altiplano o el mestizo atado al disimulo, al disfraz de español en una tez morena que delata su origen sospechoso. Es el político o el funcionario público mexicano gesticulador y tramposo. Pero ese hombre también es Octavio Paz, que en estas páginas busca remover la máscara y ver su imagen real, la propia, pero también y sobre todo la del «mexicano». Liberarlo de la duplicidad, la simulación, el hermetismo, la mentira. Ser él mismo. Ser uno, ser auténtico.

La fiesta que describe —la que iguala a los hombres, la permisiva y liberadora, el estallido fugaz de alegría— es, en primera instancia, un fenómeno universal: la evoca Antonio Machado en los pueblos de Andalucía. Pero si miramos más de cerca, desde el título del capítulo, la de Paz es una fiesta distinta, es una fiesta mortal. El pueblo «silba, grita, bebe y se sobrepasa». Hay un «regreso al caos o la libertad original». Una comunión seguida por una explosión, un estallido. ¿Qué fiestas resuenan detrás de las palabras? Las fiestas multicolores de Mixcoac, sus propias fiestas. Pero también resuenan las otras fiestas, las fiestas feroces, las del pulque y los balazos, las de Santa Martha Acatitla, las de aquel «santo varón», Octavio Paz Solórzano. Las fiestas sin amanecer, las fiestas de la muerte.

El mexicano no es el único pueblo fascinado con la muerte; los pueblos mediterráneos comparten ese hechizo. Tampoco ha sido una y la misma la actitud mexicana ante la muerte. Y sin embargo, el poeta reveló un rostro compartido de la muerte: el mexicano, en efecto, aún el día de hoy, frecuenta a la muerte, «la burla, la acaricia, duerme con ella, la festeja, es uno de sus juguetes favoritos y su amor permanente». La muerte propia y la ajena. Es significativo que pocos años antes de *El laberinto de la soledad*, otro escritor (Malcolm Lowry, autor de *Bajo el volcán*) haya recobrado como Paz —en carne propia y en un libro memorable— ese paraíso infernal de la fiesta, borrachera y la muerte en México, y más sorprendente aún que lo haya hecho en tierra zapatista.

«Nuestra indiferencia ante la muerte —escribe Paz— es la otra cara de nuestra indiferencia ante la vida.» *Alguien* encarna en esta frase. Para *alguien* la muerte no es lo *otro* de la vida sino lo mismo. *Alguien* «se la buscó», alguien cerca de él «se buscó la mala muerte que nos mata». Por eso el poeta modifica el refrán popular y remata: «dime cómo mueres y te diré quién eres». ¿Pensó en su padre al escribir estos pasajes? ¿Enmascaró su recuerdo? ¿O estaba tan pegado a su piel que no lo veía, sino muchos años después, de pronto, en una elegía?

> […] Lo que fue mi padre
> cabe en ese saco de lona
> que un obrero me tiende
> mientras mi madre se persigna.

119

¿Cuántas acepciones de la palabra «chingar» caben en la vida de Octavio Paz Solórzano? ¿Sería un exceso pensar en la madre de Paz como una encarnación de la mujer, sufrida, violentada, «chingada»? La dimensión de la mujer está en otra parte de su obra. De los capítulos antropológicos del libro, el dedicado a «Los hijos de la Malinche» es acaso el menos autobiográfico, el más autónomo, acaso porque su tema es el lenguaje. Y en ningún territorio es más diestro, preciso y vigente Paz que en el de las palabras.

*　*　*

En la segunda parte del libro —la dedicada a la historia—, el sujeto no es «el mexicano» (es decir, Paz) sino México. En el principio fue la orfandad del pueblo azteca en la Conquista, un pueblo en estado de radical soledad. No sólo «naufragan sus idolatrías», sino la protección divina: los dioses lo han abandonado. Venturosamente, luego de la ruptura en verdad cósmica de la Conquista adviene un orden, sustentado en la religión y «hecho para durar». No una «mera superposición de nuevas formas históricas» ni siquiera sincretismo, sino «organismo viviente», lugar en donde «todos los hombres y todas las razas encontraban sitio, justificación y sentido». Es el orden católico de la Colonia y dura tres siglos. Es la matriz cultural de México. «Por la fe católica —agrega Paz— los indios, en situación de orfandad, rotos los lazos con sus antiguas culturas, muertos sus dioses tanto como sus ciudades, encuentran un lugar en el mundo [...] el catolicismo devuelve sentido a su presencia en la tierra, alimenta sus esperanzas y justifica su vida y su muerte.» De la soledad, el poema de la historia mexicana había pasado a la comunión. En el concepto de Paz, la persistencia religiosa en México se explica también por su fondo precortesiano: «nada ha trastornado la relación filial del mexicano con lo sagrado. Fuerza constante que da permanencia a nuestra nación y hondura a la vida afectiva de los desposeídos». No es un hispanista quien ha escrito estas frases: es el nieto de don Ireneo Paz, el jacobino creador de «el Padre Cobos», último de los grandes liberales del siglo XIX. De allí, el mérito de una visión que en su búsqueda se atreve a rozar la *otra* ortodoxia (católica) para corregir la ortodoxia oficial (liberal). No es casual que en una reseña inmediata del libro, el mismísimo José Vasconcelos elogiara al hijo y nieto de esa «estirpe de intelectuales combatientes», que «ha tenido la valentía de escribir líneas de una justicia resplandeciente». Paz no dejaba de lado que los tres siglos coloniales tenían su cara oscura, sobre todo en el enclaustramiento intelectual y religioso, pero en ellos México había encontrado su rostro, su filiación, su *autenticidad*.

Orfandad de la Conquista, orden de la Colonia, ruptura en la Independencia. Paz ve en el siglo XIX, el lugar histórico de un desvío, casi un desvarío. En términos biográficos, lo significativo es el pasaje final del capítulo, que da pie a la segunda parte de *El laberinto de la soledad*, en la que Paz, por primera vez, proyecta sus categorías de introspección poética y su experiencia personal a la historia mexicana:

> La Reforma es la gran Ruptura con la madre. Esta separación era un acto fatal y necesario, porque toda vida verdaderamente autónoma se inicia como ruptura con la familia y el pasado. Pero nos duele todavía esa separación. Aún respiramos por la herida. De ahí que el sentimiento de orfandad sea el fondo constante de nuestras tentativas políticas y nuestros conflictos internos. México está solo como cada uno de sus hijos. El mexicano y la mexicanidad se definen como viva conciencia de la soledad, histórica y personal.

Con la Independencia, el orden colonial estalla en fragmentos. La comunión, insostenible, se disuelve en soledad. A partir de entonces, con el advenimiento del liberalismo, «la mentira se instaló en nuestros pueblos casi constitucionalmente». Años más tarde, la «triple negación» de la Reforma (con respecto al mundo indígena, católico y español) «funda a México». Paz no le escatima «grandeza», pero agrega, en una línea decisiva: «Lo que afirmaba esa negación —los principios del liberalismo europeo— eran ideas de una hermosura precisa, estéril y, a la postre, vacía». La era de don Porfirio no sería sino la continuación extrema de esa tendencia: una máscara de inautenticidad, la simulación convertida en segunda naturaleza. Y la filosofía oficial, el positivismo, «mostró con toda su desnudez a los principios liberales: hermosas palabras inaplicables. Habíamos perdido nuestra filiación histórica». En esas líneas, acaso inadvertidamente, Paz volteaba la espalda a su abuelo Ireneo: «La permanencia del programa liberal, con su división clásica de poderes —inexistentes en México—, su federalismo teórico y su ceguera ante nuestra realidad, abrió nuevamente la puerta a la mentira y la inautenticidad. No es extraño, por lo tanto, que buena parte de nuestras ideas políticas sigan siendo palabras destinadas a ocultar y oprimir nuestro verdadero ser.» Pero justo enseguida Paz rescataba a un ser más frágil y acaso más amado: su propio padre. Porque la filiación que México había perdido en el siglo liberal, se recuperaría en la Revolución, esa que se levanta «alborotando los gallineros femeninos y arrancando a los jóvenes de su casa paterna: es la Revolución la palabra mágica, la palabra que va a cambiarlo todo y que nos va a dar una alegría inmensa y una muerte rápida».

No sólo Octavio Paz pensó siempre que México había encontrado su propio camino en la Revolución mexicana. Lo pensó todo el México intelectual, salvo el porfiriano. Pero una cosa era encontrar el camino y otra la *filiación*, palabra clave en el libro de Paz. De allí que la revolución auténtica en Paz fuese sólo *una* de las revoluciones mexicanas: la revolución que había arrebatado al padre, la que «va a cambiarlo todo y que nos va a dar una alegría inmensa y una muerte rápida», la revolución zapatista.

123

Las páginas más intensas y apasionadas del libro son las que el poeta dedica al evangelio del zapatismo —el Plan de Ayala— con su reivindicación de las tierras y los derechos comunales y de la «porción más antigua, estable y duradera de nuestra nación: el pasado indígena». Con Kostas Papaioannou, el filósofo griego con quien trabó una profunda amistad en París, Paz hablaba de Marx y Trotski, pero antes que de ellos hablaba de «Zapata y su caballo», como en una de las narraciones de su padre que él había ayudado a «pasar en limpio». Zapata había sido el héroe histórico de su padre. Era también el suyo:

El tradicionalismo de Zapata muestra la profunda conciencia histórica de ese hombre, aislado en su pueblo y en su raza. Su aislamiento [...] soledad de la semilla encerrada, le dio fuerzas y hondura para tocar la simple verdad. Pues la verdad de la Revolución era muy simple y consistía en la insurgencia de la realidad mexicana, oprimida por los esquemas del liberalismo tanto por los abusos de conservadores y neoconservadores.

El apartado final de ese capítulo es el cenit del libro: la Revolución es el lugar histórico de una comunión. En ella caben todas las palabras de alivio, orden y reconciliación: la que desentierra, desenmascara, vuelve, expresa, cura y libera. El lector casi escucha el latido exaltado del autor que escribe las últimas líneas:

La Revolución es una súbita inmersión de México en su propio ser [...] Es un estallido de la realidad: una revuelta y una comunión, un trasegar viejas sustancias dormidas, un salir al aire muchas ferocidades, muchas ternuras y muchas finuras ocultas por el miedo a ser. ¿Y con quién comulga México en esta sangrienta fiesta? Consigo mismo, con su propio ser. La explosión revolucionaria es una portentosa fiesta en la que el mexicano, borracho de sí mismo, conoce al fin, en abrazo mortal, a otro mexicano.

¿Y con quién comulga Octavio Paz Lozano? ¿A quién abraza, en esa descripción casi teofánica? Comulga con Octavio Paz Solórzano, «el que se fue por unas horas / y nadie sabe en qué silencio entró». Abraza a Octavio Paz, el otro, el mismo. La cifra es ya clara: la fiesta mexicana, la borrachera de sí mismo y el abrazo mortal que por un momento los vincula, ocurre entre dos hombres, padre e hijo, con el mismo nombre: Octavio Paz.

IX

Para Paz, México era un texto sagrado en histórica espera de que un héroe literario lo descifrara, lo revelara. Era un minero, un alquimista, un redentor poético de la identidad mexicana. Había querido, en sus propias palabras, «romper el velo y ver»: rasgar el velo y ver. En esas obras, muchas generaciones de lectores rasgaron el velo también y vieron una preciada porción de la identidad mexicana. En esa medida, el poeta había cumplido su promesa heroica. Había emulado y aun rebasado a José Vasconcelos.

Significativamente, a mediados de 1950, el propio Vasconcelos publicó una reseña sobre *El laberinto de la soledad*. En ella recordaba el «abolengo intelectual» de Paz: «su padre fue periodista de oposición y factor revolucionario dentro del grupo zapatista: hombre de acción y de pensamiento. En el padre de Octavio se reprodujeron los rasgos más sobresalientes de don Ireneo Paz, el abuelo… Bajo el régimen del porfirismo fue don Ireneo periodista de oposición. Ya se presume con esto la calidad del hombre que vivió haciendo frente a órdenes de aprehensión y duelos en que solía haber sangre de por medio. De tal estirpe de intelectuales combatientes procede Octavio Paz, el más brillante poeta de su generación y por ahora diplomático en París, dedicado a la reflexión y al estudio de lo mexicano, pero desde una atalaya universal».

En su reseña, Vasconcelos ponderaba el paso de Paz de la poesía a la prosa y elogiaba su «cordura y acierto» al haber reivindicado la autenticidad, profundidad y permanencia del orden español y católico de México frente a la ruptura que significó la ideología liberal y jacobina del siglo XIX. Vasconcelos —hispanista recalcitrante para ese momento— advertía, con asombro: «Es preciso recordar que Octavio Paz pertenece a la actual juventud revolucionaria, cargada de prejuicio antiespañol.» Y sin embargo, había tenido la valentía de escribir aquellas líneas sobre la Colonia y la Iglesia que le parecían de «una Justicia resplandeciente».

Pero la crítica que Vasconcelos le hacía enseguida no era menos sorprendente: le reprochaba el haber olvidado el mensaje democrático original de la Revolución mexicana, el ideario y el ejemplo de Francisco I. Madero: «la Revolución de 1910 no comenzó con un "grito", sino que la había preparado un libro y la había determinado un programa, escritos ambos por Madero». No era un liberal quien escribía esas líneas, era un simpatizante del fascismo y de las dictaduras latinoamericanas que de pronto, contradictoriamente, como tantos momentos de su vida, recordó con nostalgia la pasión que de joven lo había llevado a incorporarse en 1910 a la Revolución democrática de Madero y a encabezar él mismo, en 1929, un segundo impulso por la democracia mexicana.

Paz comenzaría a entender el sentido de esa crítica en 1968. Tiempo después, se convertiría en un defensor de la democracia mexicana. Sus ideas y su labor editorial contribuyeron mucho al futuro advenimiento de la democracia en el año 2000 que Paz, desdichadamente, no pudo ver con sus propios ojos.

Para Paz, *El laberinto de la soledad* tuvo un efecto liberador, sobre todo en su obra personal. Una vez concluido, confiesa a Alfonso Reyes que el tema de la *mexicanidad* «comenzaba a cargarlo»:

Un país borracho de sí mismo (en una guerra o una revolución) puede ser un país sano, pletórico de sustancia o en busca de ella. Pero esa obsesión en la paz revela un nacionalismo torcido, que desemboca en la agresión si se es fuerte y en un narcisismo y masoquismo si se es miserable, como ocurre con nosotros. Una inteligencia enamorada de sus particularismos […] empieza a no ser inteligente. O para decirlo más claramente, temo que para algunos ser mexicano consiste en algo tan exclusivo que nos niega la posibilidad de ser hombres.

No obstante, tras el abrazo tácito con su padre, el hallazgo personal de la *mexicanidad* lo llevó a celebrarla en los pocos artistas en cuya obra descubría la misma veta. El más grande de ellos fue Rufino Tamayo. Con ocasión de la exitosa Exposición de Arte Mexicano en París, hacia noviembre de 1950, escribió un ensayo sobre pintura mexicana que era, a un tiempo, un ajuste de cuentas con los tres muralistas y una vindicación del pintor proveniente de Oaxaca, el estado más hondamente indígena de México. Paz admiraba la floración «materialista» de Rivera, pero criticaba la arenga «dialéctica» de su obra. Si el riesgo de Rivera era el «estatismo», el de Siqueiros −pintor del movimiento y el contraste− era el «efectismo teatral», la «literatura pintada». De los tres, el más cercano a su sensibilidad moral era Orozco, el menos ideológico, el más rebelde y solitario. Pero frente a todos ellos destacaba la obra colectiva de su propia generación (María Izquierdo, Agustín Lazo, Jesús Reyes, Carlos Mérida y aun Frida Kahlo, entre otros), artistas que no buscaban ya predicar al pueblo su propia epopeya social o anunciar la inminente utopía socialista, sino desentrañar sus mitos, sus sueños, sus modos específicos (colores, tonos, intensidades, gestos) de la ferocidad, la ternura, la fiesta y la muerte. Esa pintura, en su interpretación, correspondía al empeño de *autognosis* de *El laberinto de la soledad*, y ningún artista la representaba más cumplidamente que Tamayo. Su obra, nada neutra sino sutilmente crítica sobre la realidad de la época y las presiones de la Historia, parecía a sus ojos «un sitio de comunión», una consagración llevada a cabo −como la suya propia− al contacto de las aguas más profundas del pasado mexicano:

Tamayo no necesita reconquistar la inocencia; le basta descender al fondo de sí para encontrar al antiguo sol, surtidor de imágenes… si hay antigüedad e inocencia en la pintura de Tamayo, es porque se apoya en un pueblo: en un presente que es asimismo un pasado sin fechas.

No obstante, más allá del particularismo implícito en esa búsqueda de identidad, Paz sentía la necesidad de abrirse a «la posibilidad de ser hombres», «ser contemporáneo de todos los hombres» (frase final del *Laberinto*). Para ello, se identificaría en París ya sin ninguna reserva con el movimiento surrealista que había rechazado en su juventud, pero que su propia obra había prefigurado desde los años treinta. Entonces, conquistó definitivamente la amistad de André Breton y estrechó un viejo vínculo con otro surrealista, Benjamin Péret, a quien había tratado desde México. Paz terminó por persuadirse de que el surrealismo, con su énfasis en el acceso directo a las emociones a través del inconsciente (y su interés por las culturas no europeas), podía ser el vehículo ideal para confrontar, en la poesía, en el arte y el pensamiento, la compleja realidad mexicana. Con esa clave (prefigurada en muchos poemas de los años treinta y cuarenta), Paz comenzó a explorar las imágenes y ritos del México antiguo, a cribar en los deseos y mitos del pueblo mexicano, y de esa nueva aventura nació *Águila o sol*, libro de poemas en prosa que es un antecedente directo del realismo mágico en América Latina. A partir de entonces, su obra no conoció un momento de reposo ni dejó de expandirse, con extraordinaria libertad de imaginación y experimentación, por diversas tradiciones y culturas.

En abril de 1951, al estrenarse en el festival de Cannes *Los olvidados* de Luis Buñuel, Paz decide defender la película de las críticas nacionalistas. «Estoy orgulloso de pelear por usted y su película», escribía a Buñuel, que vivía en México exilado de la España franquista. Quizá recordó con remordimiento las burlas y críticas que sus propios amigos infligieron a *La Edad de Oro* durante la visita de Breton a México en 1938, pero también evocó su propia, apasionada experiencia en la Guerra Civil española: «Vuelven un poco, gracias a *Los olvidados* –le dice a Buñuel– los tiempos heroicos.» Para lograr una «atmósfera de expectación» en torno a la película y favorecer así el posible otorgamiento a Buñuel del Premio de la Crítica (que se logró), Paz no escatimó apoyos y enlaces (habló con Prévert, Cocteau, Chagall y Picasso), «movilizó las infanterías» de periodistas, y en hojas sueltas escribió un texto sobre «El poeta Buñuel» que repartió personalmente 24 horas antes de la función:

Los olvidados es algo más que un film realista. El sueño, el deseo, el horror, el delirio, el azar, la porción nocturna de la vida, también tienen su parte. Y el peso de la realidad que nos muestra es de tal modo atroz, que acaba por parecernos imposible, insoportable. Y así es: la realidad es *insoportable*; y por eso, porque no la soporta, el hombre mata y muere, ama y crea.

131

Quizá la soledad infantil del protagonista le recordó la suya propia. Quizá la tragedia de la madre sola, desamparada, abandonada, «chingada», le evocó secretamente sus propias páginas sobre el tema en *El laberinto de la soledad*. En cualquier caso, la obra maestra de Buñuel había tocado, con una fuerza estética y moral perdurable, fibras esenciales de la realidad social mexicana.

También al doblar el siglo y en París, a raíz de las revelaciones del escritor francés David Rousset sobre la existencia de campos de concentración en la URSS, Paz comenzó a liberarse en un sentido ideológico. Calumniado por *Les Lettres Françaises* por una supuesta falsificación de textos sobre el controvertido tema, Rousset había entablado un sonado juicio contra ellos. «Los periódicos no hablan [...] de otra cosa», comentaba Paz a Bianco:

> Acaso sea *oportuno también* publicar algo en *Sur* de esta terrible acusación contra lo que todavía algunos llaman «la patria del proletariado». ¿Sabes que entre los testigos presentados por Rousset se encuentra «El Campesino», aquel general al que Alberti y otros poetas de corte de Stalin dedicaron poemas y homenajes? Ahora tendrán que vomitar, una vez más, sus cánticos.

Valentín González González, «El Campesino», había inspirado parcialmente un personaje de *L'espoir*, de André Malraux. Se le consideraba un héroe de la República española. Había sido uno de los más exitosos e implacables comandantes. Exilado en la URSS, Stalin lo había enviado a un campo de concentración por haberse atrevido a criticar, en su cara, el culto de la personalidad. Libertaria, católica y sensible, antes que Paz, a la mentira ideológica, Elena Garro trabó una amistad con El Campesino, acudió a las sesiones del juicio de Rousset contra *Les Lettres Françaises* y reunió toda la información pertinente. Apoyado en esos datos y en los testimonios de Rousset, Paz escribió su primer texto crítico sobre el estalinismo. En México no encontró editores, pero Bianco lo publicó en *Sur*. Paz se colocó así en una posición tan incómoda como infrecuente en América Latina, sobre todo en los albores de la Guerra Fría: la de un socialista libertario. (El único otro caso conspicuo en la región fue un coetáneo exacto de Paz, Ernesto Sabato, con su libro *Hombres y engranajes*.)

La existencia de los campos —explicaba Paz— no tenía un carácter correctivo o penal: era consustancial al régimen burocrático soviético, ponía en entredicho su carácter socialista y su capacidad para ofrecer una alternativa al capitalismo. «Los crímenes del régimen burocrático son suyos, y bien suyos —concluyó—, son muy suyos y no del socialismo.» Meses después, en un discurso en memoria de Antonio Machado en el decimoquinto aniversario de la Guerra Civil española, Paz reafirmó su esperanza en la capacidad «revolucionaria y creadora de los pueblos», su posibilidad de «salvarse» siempre y cuando se pudiese

133

«eliminar» a los «salvadores de profesión». Su convicción socialista, en suma, seguía firme, pero no tanto como para pasar por alto las opiniones de Sartre, a quien el matrimonio Paz Garro solía frecuentar en su bar de Pont Royal. Sartre recomendaba pasar por alto las verdades de Rousset, porque hacían el juego al imperialismo. Paz optó por el camino inverso. Su posición se acercaba al trotskismo. De hecho, coincidió con la renuncia que Natalia Sedova, la viuda de Trotski, hizo a la Cuarta Internacional sobre la base de negar que el Estado soviético fuese ya un Estado obrero: «quien quiera que defienda este régimen opresivo y bárbaro, abandona, independientemente de sus motivos, los principios del socialismo y del internacionalismo». La carta, fechada en México el 9 de mayo de 1951, fue publicada en la *Quatrième Internationale*, número 57, mayo-julio de ese año. Paz, con toda certeza, la leyó.

* * *

Paz hizo una carrera discreta y eficaz en el servicio exterior. A partir de 1952 fue segundo secretario de la embajada mexicana en la India, abrió la embajada mexicana en Japón, fue secretario de la legación mexicana en Suiza y encargado de la Delegación Permanente de México ante Organismos Internacionales en Ginebra. Hacia 1954 se estableció por cinco años en México, donde llegó a ser director general de Organismos Internacionales de la cancillería. En esa posición abogó por el asilo a los refugiados húngaros tras la represión rusa a la revuelta de 1956. En 1959 fue transferido a Francia como encargado de Negocios y ministro adscrito a esa embajada, hasta convertirse, en 1962, en embajador de México en la India. Cada estación fue una inmersión intelectual significativa. En Japón comenzó a asomarse a la literatura oriental, que había explorado desde su breve estancia en Nueva York. En Ginebra conoció a Ortega y Gasset, que le aconsejó «aprender alemán y póngase a pensar. Olvide lo demás». De haber escuchado esas palabras María Zambrano, amiga de Paz y discípula preferida de Ortega, habría reconvenido a su maestro: «esa cabecita de Octavio, siempre pensando, siempre pensando», solía decir. Y sobre la lectura de su libro escribió: «para que el pensamiento se realice hace falta una actitud poética más que filosófica. Descender a los infiernos exige una inteligencia en estado de gracia. Así, esa pura transparencia que nos ofrece *El laberinto de la soledad*».

En esos años de formidable liberación creativa, muy a su pesar, Paz dejaría latente su vocación de editor de revistas. José Bianco recibía con frecuencia sus sugerencias y consejos sobre autores, textos, enfoques: atraer para *Sur* a los escritores de *Orígenes*, la excelente revista cubana; publicar a Rodolfo Usigli, el dramaturgo mexicano autor de *El gesticulador*; hacer un número dedicado a la nueva literatura italiana. Al llegar a México, Paz le escribe: «Tengo la sensación de que sólo si hago algo concreto podré escaparme del penoso sentimiento de que mi presencia aquí es inútil. Naturalmente, no se me ha ocurrido nada mejor que una revista. (Cuando los escritores quieren salvar al mundo, siempre se les ocurre fundar una revista.) Pero ni siquiera tuve éxito en eso». Con todo, durante su lustro de estancia en México Paz fue el eje de la actividad literaria de la ciudad de México, animando varias iniciativas culturales (grupos de teatro, el proyecto «Poesía en Voz Alta») y descubriendo él mismo a los nuevos talentos en el país. Ante el ocaso final de las generaciones precedentes (la de Vasconcelos y Reyes, y la de los «Contemporáneos»), la estrella de Paz, hombre de sólo 40 años pero rodeado ya de un cierto prestigio internacional, comenzaba a brillar sobre todas.

Alrededor suyo se congregaba una nueva generación de escritores, filósofos y artistas nacidos en los años veinte y treinta que compartían su temple crítico, su libertad creativa y su disposición a experimentar. Paz influyó en varios de ellos. En los poetas y novelistas, hartos de la retórica nacionalista, por el horizonte abierto y cosmopolita de su obra. En los filósofos husserlianos que en los años cincuenta comenzaron a buscar una «filosofía del mexicano», por los caminos abiertos en *El laberinto de la soledad*. En los artistas plásticos, por su ruptura con las rígidas tradiciones del muralismo. Muchos de los jóvenes escritores colaboraron a partir de 1955 en la *Revista Mexicana de Literatura*, dirigida inicialmente por Carlos Fuentes, sin duda el joven escritor más cercano a Paz y el más influido por su persona y sus temas. Aunque el público lector era exiguo (los tirajes de libros no pasaban de 3000 ejemplares, y *El laberinto de la soledad* no se reeditó sino hasta 1959), la actividad cultural en México era vivaz e intensa, y estaba al día de las corrientes de vanguardia. Paz había volteado siempre a Francia, los nuevos novelistas, a Estados Unidos. Fruto de esta tendencia (y de una biografía no menos anclada en la historia y la violencia, pero del occidente católico de México) fue la sorprendente aparición de Juan Rulfo. Los cuentos de *El llano en llamas* (1953) y la novela *Pedro Páramo* (1955) combinaban el expresionismo y el surrealismo —corrientes preferidas por Paz— con una perfección y hondura que el poeta reconoció, pero quizá no debidamente.

* * *

Mientras el nieto de Ireneo Paz —editor de cepa— esperaba el momento para fundar una revista, el hijo de Octavio Paz Solórzano aprovechaba la primera oportunidad para desplegar, así fuera simbólicamente, sus impulsos revolucionarios. El escritor José de la Colina recuerda una escena:

Fue en 1956. Una manifestación en apoyo a los estudiantes que protestaban por el aumento a las tarifas de camiones marchaba por el cruce de Paseo de la Reforma y Bucareli, avenida Juárez y Ejido. Yo iba muy exaltado, haciendo arengas en tono de anarquista romántico. Paz bajó de su

137

oficina que estaba frente a «El Caballito», y se unió a esa manifestación.

El episodio fue significativo pero excepcional. Su trabajo en el servicio público le impedía externar con plena libertad sus críticas de política interna. También existían limitaciones materiales. Paz, que inventaría en 1978 la fórmula *El ogro filantrópico* para referirse al Estado mexicano, fue, como la mayoría de los intelectuales, testigo y beneficiario de la filantropía estatal. Aparte de su salario en la Secretaría de Relaciones Exteriores, los amigos literatos (Alfonso Reyes como presidente de El Colegio de México, y José Luis Martínez como funcionario de Ferrocarriles Mexicanos) apoyaban al poeta con becas que lo ayudaron a escribir sus obras del periodo: *El arco y la lira*, que el filósofo José Gaos (otro discípulo predilecto de Ortega, autoridad mayor en su campo en México desde 1938 hasta su muerte en 1969) consideraba «uno de los frutos más granados [...] de la filosofía, a secas, en nuestra lengua»; *Sendas de Oku* (la primera traducción del poeta clásico japonés Basho a una lengua de Occidente), y la colección de ensayos sobre artistas, escritores y literaturas clásicos y contemporáneos titulada *Las peras del olmo*.

Los ensayos de Paz en esa época son siempre asertivos e informados, pero, puestos en contexto, adolecen de dos problemas: son casi ajenos a la crítica inglesa al marxismo (Russell, Orwell, Popper); adolecen de una marcada tendencia a la abstracción. Les faltaba anclaje. ¿Qué camino quedaba? A su juicio, quedaba la búsqueda de un camino propio y original que México pudiese compartir con los otros países latinoamericanos, un proyecto que permitiera el crecimiento y el desarrollo, pero que —a diferencia del modelo soviético— lograse «liberar al hombre», única justificación de una revolución. Habiéndose formado en el marxismo, Paz atravesaba por una zona de perplejidad. Su única convicción firme seguía siendo el perdido edén del zapatismo campesino, recobrado poéticamente en su libro. Y desde esa óptica, a pesar del crecimiento urbano, a pesar de las cifras de estabilidad, no podía engañarse sobre el estado del México rural. En algunos poemas memorables expresó su desolación y su esperanza.

En 1955, Paz escribió uno de sus poemas más memorables: «El cántaro roto». Una década más tarde, en tiempos de pasión y rebelión, el poema tendría repercusiones fascinantes, pero en los años cincuenta, en medio de la paz, orden y progreso del régimen del PRI, el poema rompió el consenso, cimbró muchas conciencias satisfechas y levantó críticas por su contenido «comunista». Lo inspiró un viaje de conferencias por los estados de San Luis Potosí y Nuevo León, en el norte de México. No es una interpretación política ni sociológica del presente mexicano. En la línea de *El laberinto de la soledad*, es una interpretación mítica. Con el tiempo, Paz reprobaría «los excesos verbales» del poema, pero no su sustancia. Familiarizado ya entonces con la poesía náhuatl, el poeta sueña el esplendor del pasado mexica:

139

[...] ¡viento, galope de agua entre los muros interminables de
        una garganta de azabache,
caballo, cometa, cohete que se clava justo en el corazón
                                de la noche, plumas,
        surtidores,
plumas, súbito florecer de las antorchas, velas, alas, invasión
        de lo blanco,
pájaros de las islas cantando bajo la frente del que sueña!

Pero al abrir los ojos, el paisaje es otro. México, el
otro México, es un erial:

Sólo el llano: cactus, huizaches, piedras enormes que estallan
        bajo el sol.
No cantaba el grillo,
había un vago olor a cal y semillas quemadas, las calles del
poblado eran arroyos secos
y el aire se habría roto en mil pedazos si alguien hubiese gritado:
        ¿quién vive?

El azoro que se vierte en una cascada de preguntas las-
timeras:

El dios-maíz, el dios-flor, el dios-agua, el dios-sangre, la Virgen,
¿todos se han muerto, se han ido, cántaros rotos al borde de
        la fuente cegada?
¿Sólo está vivo el sapo,

sólo reluce y brilla en la noche de México el sapo verduzco, sólo el cacique gordo de Cempoala es inmortal?

Ese erial es la obra del presente o, más bien, del pasado que pesa en el presente. Es obra de los que han mandado y siguen mandando; es obra del poder personificado en la figura histórica del «cacique gordo de Cempoala», el aliado de Cortés, pero reencarnado, a través de la historia, en el sacerdote azteca, el obispo católico o el inquisidor, el caudillo del siglo XIX, el general revolucionario o el banquero:

Tendido al pie del divino árbol de jade regado con sangre,
        mientras dos esclavos jóvenes lo abanican,
en los días de las grandes procesiones al frente del pueblo,
        apoyado en la cruz: arma y bastón,
en traje de batalla, el esculpido rostro de sílex aspirando
        como un incienso precioso el humo de los fusilamientos,
los fines de semana en su casa blindada junto al mar, al lado
        de su querida cubierta de joyas de gas neón,
¿sólo el sapo es inmortal?

Quedaba esperar a que «surja al fin la chispa, el grito, la palabra». Quedaba la poesía:

[...] hay que desenterrar la palabra perdida, soñar hacia dentro
        y también hacia fuera,
descifrar el tatuaje de la noche y mirar cara a cara al mediodía
        y arrancarle su máscara,

141

bañarse en luz solar y comer los frutos nocturnos, deletrear
     la escritura del astro y la del río,
recordar lo que dicen la sangre y la marea, la tierra y el cuerpo,
     volver al punto de partida.

Tiempo después escribió «Piedra de sol», uno de sus más célebres poemas. A juicio del propio Paz, representó el fin de un ciclo comenzado en 1935. Ya no era sólo México el erial. Erial era el mundo, preso de la historia y el mito. E igual que en «El cántaro roto», quedaba la esperanza en la palabra, el sueño, la fraternidad y el amor.

X

Más allá de esta visión sombría, lo cierto es que, a lo largo
de los casi cuatro periodos presidenciales en los que sirvió (Miguel Alemán, 1946-1952; Adolfo Ruiz Cortines,
1952-1958; Adolfo López Mateos, 1958-1964; y con Gustavo Díaz Ordaz de 1964 a 1968), Paz pensó que el rumbo
general del país (a pesar de la desigualdad social, la servi-
dumbre sindical con el Estado, la pobreza en el campo y la
dependencia creciente del capital norteamericano) era muy
meritorio. Gracias al legado nacionalista de la Revolución
y a la intervención del Estado en la economía, «nuestra
evolución es una de las más rápidas y constantes de América», escribió en 1959, en la segunda edición de *El laberinto de la soledad*. Paz no era el único intelectual maduro
que en esos tiempos de optimismo se congratulaba de la
marcha del país. Incluso el historiador, editor y ensayista
Daniel Cosío Villegas –el crítico liberal más incisivo del
siglo xx– pensaba de modo semejante y suavizó las opiniones que había vertido en su célebre ensayo «La crisis de
México» (1947). Formado como economista en universidades de Estados Unidos e Inglaterra, fundador y director del

Fondo de Cultura Económica, estudioso de los liberales del siglo XIX, Cosío Villegas creyó siempre (como Paz) que la Revolución mexicana había sido un movimiento histórico justificado y genuino, y que su modesto ideario social y nacionalista (cumplido en cierta medida en el periodo de Cárdenas) se había desviado en los años cuarenta hacia un modelo predominantemente capitalista, ajeno a la vocación social original y a la atención prioritaria a los campesinos. Pero igual que Paz no podía cerrar los ojos ante los evidentes avances económicos e institucionales del país.

Con todo, en aquel momento había diferencias importantes entre Cosío Villegas y Paz: el primero era, según su propia definición, un «liberal de museo»; el segundo, un trotskista moderado en transición hacia un socialismo libertario. Para Cosío Villegas, la «llaga mayor» de México era la concentración de poder en manos del presidente, entre otras muchas razones porque impedía toda maduración democrática. Paz, en cambio, seguía (y por largo tiempo seguiría) empleando un herramental marxista. «El marxismo —escribiría en su libro *Corriente alterna* (1967)— es apenas un punto de vista, pero es nuestro punto de vista. Es irrenunciable porque no tenemos otro.» Ese «punto de vista» fue perdurable. Paz siguió utilizando la categorización de clases, descartó como una «reliquia» a «la libre empresa», criticó con insistencia al imperialismo, desdeñó por muchos años la herencia del liberalismo político, no dejó de creer (ni entonces ni nunca) en la posibilidad de edificar una comunidad igualitaria de los hombres (la edad de oro del zapatismo) y, ante la decepción de la URSS, vio con cierta simpatía (y desconocimiento) la Revolución Cultural china, elogió los ensayos de autogestión yugoslavos. Sobre todo, confió en la revuelta nacionalista de los pueblos en la periferia del mundo occidental.

¿Por qué entonces no se adhirió a la Revolución cubana? Las jóvenes generaciones intelectuales y universitarias de México —incluidos amigos suyos, como Fuentes— no tuvieron dudas. Para ellos, la Revolución mexicana estaba muerta, y la «verdadera» revolución era la Revolución cubana. Casi todos la recibieron con inmenso entusiasmo. El liberal Cosío Villegas —que en ensayos notables achacó a Estados Unidos la mayor responsabilidad en la «lamentable» transición de Cuba al comunismo— tomó distancias desde un principio. Paz, menos escéptico, escribió a Roberto Fernández Retamar, con sutil reticencia: «tengo unas ganas inmensas de ir a Cuba para ver su cara nueva y también la antigua, su mar y su gente, sus poetas y sus árboles». Pero las «ganas inmensas» se le quitaron al poco tiempo, como prueba una carta dirigida a José Bianco (que se separaría de *Sur* por sus simpatías con Cuba). Está fechada el 26 de mayo de 1961, después de la frustrada invasión de Playa Girón:

Aunque comprendo tu entusiasmo (y hasta lo envidio) no lo comparto del todo. A mí no me agrada el lenguaje de

145

los enemigos de Castro —ni sus actos, ni su moral, ni lo que representan y son. Pero tampoco me agrada la revolución de Castro. No es lo que yo quería (y quiero) para nuestros países... Nuestros países escogerán, como los de África y Asia, el camino de Castro. No les queda (no les dejan) otro recurso. Aparte de las guerras y calamidades que esto desencadenará, los resultados no pueden ser sino dictadores de derecha, si se aplasta a los movimientos populares o, si triunfan, dictaduras totalitarias como la de Castro. La ausencia de revolución socialista en los países avanzados es la causa de esta evolución paradójica de la sociedad mundial. El fracaso de la profecía marxista sobre la misión revolucionaria de la clase obrera de los países «desarrollados» (los únicos en los que puede haber realmente socialismo) ha convertido al marxismo en una «ideología» (en el sentido que daba Marx a esta palabra). Creo que nuestro siglo verá el triunfo de la «ideología marxista»; lo que no verá (por lo menos nuestra generación) es el triunfo del socialismo.

Invitado tres veces a la isla como jurado de Casa de las Américas, nunca acudió. En 1964 rechaza colaborar en un homenaje al surrealismo proyectado por Casa de las Américas, y escribe a Retamar:

No tardé en darme cuenta que existía una oposición radical entre los regímenes de Europa Oriental (extendida hoy a los que imperan en China y otras partes) y las pretensiones liberadoras de la poesía. Esta oposición no es sólo imputable a la pesadilla que fue el estalinismo para mi generación (en Hispanoamérica: para unos cuantos de mi generación) sino que pertenece a la naturaleza de las cosas. No diré más, no quiero decirte más. Quiero demasiado a Cuba [...] y a Latinoamérica como para encender ahora una vieja polémica.

Todavía en 1967, en otra carta a Retamar se declaraba amigo de la Revolución cubana por lo que tiene de Martí, no de Lenin. Su rompimiento público tardó algunos años en expresarse.

XI

Era casi universalmente querido, seguido, leído, respetado en México y, de manera creciente, en Francia, donde sus principales libros se habían traducido. Pero no era feliz. Por un lado, su situación profesional era inestable. En los primeros días del sexenio de López Mateos (1958-1964) su destino en el servicio exterior había estado en entredicho. ¿Lo enviarían a París, como él deseaba? ¿Le confiarían la misión en la UNESCO? Para colmo, sus artículos no tenían mercado en América Latina y llegó a considerar mudarse a Argentina o Venezuela. A punto de cumplir los 45 años, en marzo de 1959, había escrito a Bianco:

Mi vida también ha sido bastante triste (¡qué *self pity*!) en los últimos años. Aunque es posible que siempre haya sido igual; sólo que ahora […] la veo con más claridad y con menos esperanzas. He vivido los últimos quince años haciendo lo que no me gusta, aplazando o matando mis deseos (aun los más legítimos como escribir o no hacer nada o enamorarme) y esperando que todo, un buen día, iba a cambiar. El único que ha cambiado soy yo: mi vida sigue igual: (trabajo muchas horas en una oficina absurda, con el pomposo título de Director General de Organismos Internacionales), me pagan muy mal y estoy sujeto a la rutina de un reglamento y a su caprichosa aplicación por remotos burócratas...

Había sobrevivido gracias a una «saludable estupidez innata —hecha de confianza en la vida, resignación (campesino andaluz, sin duda) y disponibilidad permanente». Por fortuna, su incertidumbre laboral cesó al poco tiempo, cuando finalmente fue transferido a París. Había pensado jubilarse e incorporarse a la academia. En París permaneció dos años, en los cuales publicó *Salamandra*, una nueva colección de poemas. Ese año fue nombrado embajador en la India. Jaime Torres Bodet (escritor de «Contemporáneos», funcionario público en varias administraciones, ministro de Educación) le recomendaba seguir en la diplomacia: «tendrá el 60% de tiempo para escribir».

Para escribir, y resolver su vida íntima. «¿Por qué se separaron Octavio Paz y Elena Garro? —escribió María Zambrano, que había convivido con ellos en París—. Habían obtenido lo más difícil: el infierno en la tierra.» Vivían separados, y Paz seguía pensando en el divorcio, pero lo posponía. En 1959 le confiesa a Bianco que la situación ha llegado a un límite. Se divorciará en breve y le desliza una razón de peso: «Creo que estoy —estuve, estaré— enamorado. Eso me hace más desdichado pero me da vitalidad.

O por lo menos alimenta mis planes, mi avidez de futuro.» La mujer a la que sin mencionar aludía Paz era la hermosa pintora Bona Tibertelli de Pisis, esposa de André Pieyre de Mandiargues. Los Paz habían entablado una amistad con aquel «matrimonio abierto» desde París. La edición francesa de *¿Águila o sol?* apareció en 1957 con cinco aguafuertes de Bona. En 1958, André y Bona viajaron por las costas y los pueblos coloniales de México (Taxco, Tepoztlán) y fueron testigos de las antiquísimas fiestas populares acompañados por el mejor guía: el autor de *El laberinto de la soledad*.

El atormentado vínculo matrimonial de 22 años entre Octavio y Elena se rompía al fin. «Helena —confiesa a Bianco— es una herida que nunca se cierra, una llaga, un vicio, una enfermedad, una idea fija.» No obstante, a pesar de la animosidad, Paz lograba rescatar para sí su admiración intelectual por Elena (a quien seguía llamando Helena). Animada por él, en la década de los cincuenta había alcanzado éxito en obras de teatro y relatos emparentados con el universo onírico y espiritual de Juan Rulfo. Pero con la novela *Los recuerdos del porvenir* su prestigio se consolidó. Paz escribe a Bianco un testimonio de genuino reconocimiento acompañado de un tono de íntima hostilidad:

¿Recibiste el libro de Helena? ¿Qué te parece? A mí me sorprende y maravilla; ¡cuánta vida, cuánta poesía, cómo todo parece una pirueta, un cohete, una flor mágica! Helena es una *ilusionista*. Vuelve ligera la vida. Es hada (y también bruja: Artemisa, la cazadora, la siempre Virgen dueña del cuchillo, enemiga del hombre). Ahora la puedo juzgar con objetividad.

La novela de Garro le había asombrado. Tiempo después, al confirmar la buena opinión de Bianco, agrega: «En eso, por lo menos, no me equivoqué.» Siempre había creído en «su sensibilidad y penetración espiritual, en la mirada del verdadero creador, del poeta y nunca, ni siquiera en los momentos peores y en las circunstancias más sórdidas renegué de ella». Y concluía: «¡Haberla conocido, amado y convivido tantos años para ahora terminar con un elogio sobre su capacidad de escritora! ¿Sólo queda de nosotros lo que llaman "la obra"?» Y agregó una coda sorprendente: «me digo: puedes dormir tranquilo: conociste a un ser en verdad prodigioso».

En 1960, las cosas con Bona habían evolucionado al extremo de que Paz anunciaba a Bianco su próxima boda: «Bona es sobrina de De Pisis, aquel pintor italiano de la generación de Chirico y al que, quizás, conoces. Sobre Bona y su pintura han escrito, entre otros, Ungaretti, Ponge, Mandiargues, etc. Finalmente, Bona será en breve mi mujer. Vamos a casarnos.» Pero ya en la India el vínculo con Bona desembocó en un nuevo desencanto.

La pauta parecía fatal: todas las bendiciones (creatividad, reconocimiento, solidez) salvo una: el amor. En 1963, por iniciativa del fiel e incansable José Luis Martínez, Paz obtiene en Bélgica el Premio Internacional de Poesía. La prensa mexicana lo colma de elogios. Sus artículos en la *Revista de la Universidad de México* (que reunirá en *Corriente alterna*) son objeto de culto. El filósofo José Gaos le escribe: «preveo que el nuevo Premio Nobel de lengua española va a ser usted». Lo mismo anticipa su viejo compañero, Efraín Huerta, que escribe con ternura: «Así es este Octavio, su rigor no conoce límites… todo lo enaltece y todo lo multiplica –hombre que multiplica el pan de la poesía– […] el más poeta entre todos los poetas de su tiempo.» Pero Paz, a sus cincuenta años de edad, ha vuelto a su estado original: la soledad. En un pasaje conmovedor escrito desde París en julio de 1964, hace a Bianco un valeroso recuento de su vida sentimental:

Elena fue una enfermedad… si hubiese seguido con ella, habría muerto, habría enloquecido. Pero no he encontrado la «salud». Tal vez ahora… ¿No será demasiado tarde? En los últimos años, después de ciertos golpes y sorpresas brutales (no la lenta y exasperante disgregación psíquica que fue mi enfermedad amorosa con Elena sino el hachazo, la puñalada trapera –el rayo [de Bona…]), aspiro a cierta sabiduría. No resignación sino desesperación tranquila –no la muerte sino aprender a ver cara a cara la muerte y la mujer. El erotismo me aburre y me espanta (es como la religión: o se es devoto o se es santo –y yo no soy ni Casanova ni Sade, ni beato ni místico). Creo en lo más

hondo: en el amor. *On ne peut pas prouver ce que l'on croit.*
On no se peut pas nom plus, croire ce que l'on prouve (Jünger).

* * *

En el momento de escribir esa carta los cielos estaban a
punto de despejarse de manera milagrosa y permanente.
Cumplidos los cincuenta años, en la India conoció por fin
a una mujer muy joven («muchacha» la llama en un poema),
tan extraordinariamente bella y talentosa como alegre, pro-
vidente y fiel, que lo acompañaría por fin, en un amor vital
y pleno, para toda la vida. Era corsa y se llamaba Marie José
Tramini. Estaba casada con un diplomático francés. Los
caminos de Octavio y Marie Jo se habían cruzado fugazmente. Cruzado y separado. De pronto (y la fórmula «de
pronto» recurría con frecuencia en Paz como onomatopeya
del azar) la poesía surrealista se apoderó de sus vidas gene-
rando uno de esos momentos de «azar objetivo» que Paz
había descrito en una remota conferencia sobre el surrealismo en 1954: «ese encuentro capital, decisivo, destinado
a marcarnos para siempre con su garra dorada, se llama:
amor, persona amada». De no haber coincidido en ese sitio
de París, en ese instante, acaso no se hubiesen vuelto a ver.
«Lo encontré entonces y no lo dejé más», recuerda Marie
Jo. Volvieron juntos a la India. Se casaron en Nueva Delhi
el 20 de enero de 1966. «Conocerla es lo mejor que me ha
ocurrido además de nacer», declaró Paz.

«Debe ser muy encantador estar tan enamorado», comentó la esposa del escritor Agustín Yáñez cuando los vio juntos en la India. Fue un periodo de gran productividad para Paz, que incluyó sus poemas publicados en *Ladera este* y *Hacia el comienzo*. Dispersos a lo largo de los poemas hay momentos de su embelesado amor de mediana edad en el aire caluroso de la India:

Gira el espacio

arranca sus raíces el mundo
No pesan más que el alba nuestros cuerpos

tendidos

[De "Viento entero"]

Tú estás vestida de rojo

eres

el sello del año abrasado
el tizón carnal

el astro frutal

En ti como sol

[De "Cima y gravedad"]

O en el largo poema "Maithuna" (una palabra técnica del sánscrito para el acto sacralizado del amor), donde Paz se mueve a través del cuerpo de su amada:

Dormir dormir en ti
o mejor despertar

abrir los ojos

en tu centro

negro blanco negro

blanco

Ser sol insomne

que tu memoria quema

(y

la memoria de mí en tu memoria)

Para Paz, quien tan a menudo era un poeta del deseo, «la mujer es la puerta de la reconciliación con el mundo». Tras décadas de amores marcados en parte por la angustia y la incertidumbre, el dolor y la sequía, amoríos fugaces e insustanciales, Marie Jo abrió su «puerta de la reconciliación». Ella fue su constante inspiración. Ella lo salvó del laberinto de su soledad.

*   *   *

Aquellos años con Marie Jo en la India fueron —acaso por primera vez en su vida— absolutamente dichosos. Pero Paz era fiel a su memoria y desde tiempos de *Barandal* tenía un pendiente consigo mismo. Algo faltaba en su vida. Entonces comenzó a sondear la posibilidad de publicar una revista literaria y crítica de alcance latinoamericano. En 1967 en México, Arnaldo Orfila Reynal, el célebre editor argentino de la editorial de izquierda Siglo XXI, vio con simpatía el proyecto pero le advirtió que su presencia sería imprescindible. A principios de 1968, se frustró también un posible apoyo que Paz y Fuentes gestionaban con el gobierno francés, representado por el ministro de Cultura André Malraux.

Y algo quizá más profundo faltaba también. El advenimiento mayor, no la revolución íntima sino la histórica. Paz, que buscó incansablemente a la Revolución, la encontró, recreó y retuvo en un solo campo: la subversión incesante y la libre experimentación de su creación poética. Con menos fortuna, pero con nobleza y entusiasmo, la buscó en la vida: trabajó como maestro rural en el erial henequero de Yucatán, escribió para diarios revolucionarios mexicanos, se incorporó a la Guerra Civil española porque veía en ella la cara inolvidable de la esperanza de una posible fraternidad, la «espontaneidad creadora y la intervención diaria y directa del pueblo». Pero sobre todo la buscó en el pensamiento: en los poseídos de la literatura rusa, en los textos canónicos del marxismo, en los textos heréticos de Trotski, en las polémicas de Camus y Sartre. Por todo ello, no podía renunciar a ella. Todavía en *Corriente alterna* reservó las páginas más inspiradas y poéticas al mito central de su época, a la Revolución:

Ungida por la luz de la idea, es filosofía en acción, crítica convertida en acto, violencia lúcida. Popular como la revuelta y generosa como la rebelión, las engloba y las guía. Revolución designa a la nueva virtud: la justicia.

Todas las otras —fraternidad, igualdad, libertad— se fundan en ella… Universal como la razón, no admite excepciones e ignora por igual la arbitrariedad y la piedad. Revolución: palabra de los justos y de los justicieros. Para los revolucionarios el mal no reside en los excesos del orden constituido sino en el orden mismo.

En una «Intermitencia del Oeste» en su Nirvana, escribió su «Canción mexicana», el poema donde recordó con nostalgia a su abuelo y a su padre, y se sintió huérfano de historia, huérfano de Revolución. Ellos, al tomar el café y la copa, le hablaban de grandes episodios nacionales, de héroes de verdad, «y el mantel olía a pólvora»:

> Yo me quedo callado:
> ¿de quién podría hablar?

XII

Y «de pronto», los vientos de Occidente trajeron olor a pólvora. En el verano de 1968, en un hotel en los Himalayas,
con «emoción increíble» Paz escuchó junto con Marie Jo las
noticias sobre la rebelión de los estudiantes parisienses y vio
en la posible fusión del movimiento estudiantil y la clase
obrera el esperado cumplimiento de la profecía de Marx,
el principio de la Revolución en Occidente. Por fin, creyó
ver a la Revolución alzarse en la «espléndida actitud» de los
jóvenes de Occidente, nuevos nómadas de la era industrial,
reinventores del neolítico, desdeñosos del futuro, idólatras
del instante, y en la no menos promisoria de los jóvenes del
Este, no sólo desengañados sino hastiados del marxismo. El
6 de junio, desde Kasauli (India) escribe a José Luis Martínez: «La revuelta juvenil es uno de los signos más seguros
de la mutación de nuestra sociedad —a veces me parece que
regreso a los treinta.» Y seis días después, Charles Tomlinson (poeta inglés que había conocido meses antes en el festival de poesía de Spoleto) recibe una carta apasionada en
la que Paz —inminente protagonista de su propia canción—
reafirma la sensación de una vuelta a sus orígenes prime-

ros, sus conversaciones con el amigo anarquista Bosch, sus lecturas anteriores a su profesión marxista, una vuelta que era también un recomienzo y una corrección de rumbo:

Se bambolea el mediocre orden del mundo «desarrollado». Me emociona y exalta la reaparición de mis antiguos maestros: Bakunin, Fourier, los anarquistas españoles. Y con ellos el regreso de los videntes poéticos. Blake, Rimbaud, etc. La gran tradición que va del romanticismo alemán e inglés al surrealismo. Es mi tradición, Charles: *la poesía entra en acción.* Creo que estamos a punto de salir del túnel, ese túnel que empezó con la caída de España, los procesos de Moscú, el ascenso de Hitler, el túnel cavado por Stalin y que los Eisenhowers, Johnson y las tecnocracias capitalistas y comunistas nos dijeron que era el camino del progreso y el bienestar. Cualquiera que sea el resultado inmediato de la crisis francesa, estoy seguro de que en París ha comenzado algo que cambiará decisivamente la historia de Europa y, quizá, la del mundo. La verdadera revolución socialista, en esto Marx tenía razón, sólo puede realizarse en los países desarrollados. Lo que no dijo (aunque al final de su vida, después de la comuna de París, lo aceptó a medias) es que la revolución sería socialista y *libertaria.* Lo que empieza ahora no es únicamente la crisis del capitalismo y de las caricaturas sombrías de socialismo que son la URSS y sus satélites y rivales (la delirante China de Mao) —es la crisis del más viejo y sólido instrumento de opresión que conocen los hombres desde el fin del neolítico: el Estado.

El 28 de julio de 1968 estalló el movimiento estudiantil mexicano. Un incidente menor entre estudiantes provocó la represión de la policía en la ciudad de México y de allí el movimiento escaló hasta alcanzar proporciones nacionales. El ejército, en una acción insensata, lanzó un «bazucazo» que derribó la puerta centenaria de la Escuela Nacional Preparatoria. Hubo heridos, y las autoridades universitarias, en defensa de la autonomía, encabezaron la primera de varias marchas en las que cientos de miles de personas se manifestaban en las calles (por primera vez en décadas) contra el régimen que veían anquilosado, corrupto, demagógico y autoritario. Cierto, el sistema político mexicano no tenía campos de concentración ni una ideología de Estado. Pero ejercía el poder absoluto gracias a la convergencia de un partido casi único, el PRI (que funcionaba como agencia centralizada de empleos, corrupción y prebendas y como máquina electoral), y un presidente-monarca con poderes omnímodos sobre las arcas públicas, los recursos naturales, las empresas estatales, el Ejército, el Congreso, la Corte, los gobernadores, los alcaldes y los medios masivos de comunicación, y cuyo único límite de poder era temporal: la imposibilidad de reelegirse al cabo del mandato de seis años.

El sistema político mexicano no mantenía campos de concentración ni profesaba una ideología de Estado, pero ejercía un poder casi absoluto fincado en paradigmas de dominación indígenas y españoles opuestos a toda libertad crítica. Tradicionalmente, los intelectuales habían vivido integrados al Estado, colaborando en la llamada «construcción nacional» como ideólogos, educadores, consejeros o embajadores. Cuando por excepción intentaron convertirse en filósofos-reyes, crear partidos de oposición o ejercer la crítica independiente, la maquinaria del PRI aplastó sus esfuerzos. Pero a raíz del movimiento estudiantil, uno de los intelectuales más respetados —el historiador, editor y ensayista Daniel Cosío Villegas— dio fin, a sus 70 años de edad, a su carrera en el servicio público y comenzó a publicar en el diario *Excélsior* artículos semanales, en los que retomaba una vocación crítica que había quedado adormecida en él desde la publicación, en 1947, de un célebre ensayo titulado «La crisis de México». Igual que Paz, Cosío Villegas había acompañado como diplomático y asesor hacendario a los sucesivos gobiernos del PRI; y reconocía que, con todas sus fallas, México había alcanzado un desarrollo material apreciable: crecimiento sostenido de 7%, sin inflación y tipo de cambio estable. No era gratuito que, premiando su larga estabilidad y desarrollo, la comunidad internacional hubiese premiado al país con la celebración, en octubre de 1968, de los Juegos Olímpicos. Pero, para Cosío Villegas, la intolerancia de las autoridades con los estudiantes resultó intolerable. Ante ella, la responsabilidad del intelectual era «hacer de veras pública la vida pública»;

su lugar no era ya la integración al poder, sino la crítica del poder, actividad que cobraba más sentido en la medida en que el público lector había crecido notablemente. Aunque Paz había peleado alguna vez con Cosío Villegas a propósito de la cancelación de la beca que recibía de El Colegio de México, esta vez sus caminos convergieron. La salida de ambos fue la libertad crítica.

Desde Nueva Delhi, el embajador Paz sigue los sucesos con creciente desasosiego y considera seriamente presentar su renuncia. El 3 de agosto escribe a Tomlinson:

> Parece que la represión en México «es severa, brutal»... Temo que estos disturbios fortifiquen aún más a la derecha. La herencia revolucionaria se disipa... Desde hace bastante tiempo proyecto renunciar a mi puesto y lo que ahora ocurre contribuye o disipa mis últimas dudas. Iré a México en noviembre y allá arreglaré definitivamente mi situación. Tal vez consiga algo en la Universidad o en El Colegio de México.

Un mes más tarde, tras la «manifestación del silencio» que congregó a 400 000 personas, y el informe presidencial del 1° de septiembre en el que Díaz Ordaz amenazó claramente con el uso de la fuerza para ahogar las protestas, Paz escribe al secretario de Relaciones Exteriores, Antonio Carrillo Flores:

Aunque a veces la fraseología de los estudiantes […] recuerde a la de otros jóvenes franceses, norteamericanos y alemanes, el problema es absolutamente distinto. No se trata de una revolución social —aunque muchos de los dirigentes sean revolucionarios radicales— sino de realizar una *reforma* en nuestro sistema político. Si no se comienza ahora, la próxima década de México será violenta.

El 18 de septiembre el Ejército ocupó con violencia la Universidad Nacional Autónoma de México. Díaz Ordaz, en el clímax de la Guerra Fría, estaba persuadido de que el país podía caer en manos comunistas. El 27 de septiembre de 1968, Paz confiesa a Tomlinson su agudo remordimiento por no haber actuado antes:

Es incongruente —desde un punto de vista moral tanto como sentimental— mi permanencia en el Servicio exterior mexicano. Precisamente había ya iniciado el trámite para obtener mi retiro. Lo que pasa ahora me revela que lo debería haber hecho *antes*. Todo esto me tiene apenado, avergonzado y furioso —con los otros y, sobre todo, conmigo mismo.

El 2 de octubre de 1968 el gobierno de Gustavo Díaz Ordaz masacró a centenares de estudiantes en la Plaza de Tlatelolco. El 3 de octubre Paz escribe sobre el crimen colectivo un poema de vergüenza y furia: «México: Olimpiada de 1968». Tras hacer un «examen de conciencia», el

4 de octubre envía a Carrillo Flores una larga carta repro-
batoria de la política gubernamental y presenta su renuncia: «No estoy de acuerdo en absoluto con los métodos
empleados para resolver (en realidad: reprimir) las demandas y problemas que ha planteado nuestra juventud.» Bien
visto, era su primer acto en la política después de la Guerra Civil española. Pero esta vez la rebelión era *suya*: hija de
su biografía y de su libertad. Porque en ese acto Paz cum-
plía también con un ciclo íntimo, la promesa inscrita en su
linaje: irse a la Revolución. En comunión con la revuelta
estudiantil, Paz se iba a *su* revolución en el acto de romper con una revolución petrificada. Con un poema y una
renuncia, Octavio Paz comenzó a convertirse en protagonista de su propia «Canción mexicana». Fue su hora mejor,
un gesto sin precedente en la historia mexicana. Ese acto
de libertad tendría repercusiones extraordinarias en la vida
política y cultural de México y, hasta cierto punto también,
en América Latina.

Para explicarse el crimen, Paz busca el mito o el pasado
histórico que lo explique. *Atrás* y *debajo* de los hechos
una realidad mítica mueve los hilos. Se ha cometido
nada menos que un sacrificio humano. Así lo bosqueja a
Tomlinson el 6 de octubre, aludiendo a su visión del poder
arcaico en «El cántaro roto»: «Los viejos dioses andan suel-
tos otra vez, y nuestro presidente se ha convertido en el
Gran Sacerdote de Huitzilopochtli.» Y agrega: «Decidí no
continuar como representante del Gran Moctezuma (el

primero), famoso por el número de víctimas que sacrificó en el Teocalli.»

Octavio y Marie Jo Paz no tardan en encontrar abrigo, primero en la Universidad de Cambridge, Inglaterra, y más tarde en la de Texas, en Austin, donde pasarán el resto del sexenio de Díaz Ordaz. En esos meses, Paz escribe su libro *Posdata*, titulado así en clara alusión a *El laberinto de la soledad*. Sorprendentemente afirma que México no tiene «una esencia sino una historia». No renunciará, sin embargo, a hurgar en los mitos vivientes la esencia de la historia. Hará un balance del movimiento estudiantil, ponderando sobre todo su reclamo de democratización. Pero en un largo y controversial capítulo, acude al universo azteca para reafirmar y ampliar su visión de la matanza como un acto atávico, casi dictado, mágica y fatalmente, por los dioses. El recurso le sirve también para dar con un hallazgo más convincente: ver al PRI como una *pirámide* —a un tiempo «realidad tangible y premisa subconsciente»— en cuya cúspide se encontraba el presidente de México (Díaz Ordaz o sus antecesores), que no era ya el típico caudillo carismático del siglo XIX, sino una figura cuya legitimidad provenía de una fuente externa a su persona. El presidente era una figura *institucional*, con poderes casi teocráticos, como el *tlatoani* azteca. El país se supeditaba a él —en la estructura política y las vías de ascenso social— piramidalmente. Esa invención política, pensaba Paz, había librado al país de la anarquía y la dictadura, pero en 1968 se había vuelto opresiva y asfixiante. Paz creyó advertir en la petrificación burocrática del PRI un paralelo con la URSS. Su conclusión: «En México no hay más dictadura que la del PRI y no hay más peligro de anarquía que el que provoca la antinatural prolongación de su monopolio político […] Cualquier enmienda o transformación que se intente —apuntó— exige, ante todo y como condición previa, la reforma democrática del régimen».

* * *

Mientras Paz escribe su libro, en la cárcel de Lecumberri un viejo camarada suyo purga una vez más un cargo de sedición: haber sido uno de los líderes intelectuales del movimiento. Es José Revueltas, que a sus 55 años de edad tiene fuerza y fe para creer en la Revolución, pero ha tenido también el valor de denunciar los crímenes del estalinismo y oponerse a la invasión soviética a Checoslovaquia. Era el mayor de los presos políticos. Llevaba nueve meses en la cárcel y nada le aseguraba que alguna vez saldría. Lo rodeaban muchos jóvenes del movimiento. Compartía su celda con un joven maestro llamado Martín Dozal. En agosto de 1969, en un «mensaje» a su amigo y camarada Paz, Revueltas tiende un puente poético de fraternidad entre los presos y el poeta que había renunciado a su puesto en gesto de solidaridad con el sufrimiento de los jóvenes.

Escribe Revueltas: «Martín Dozal lee tus poemas, Octavio, tus ensayos, los lee, los repasa y luego medita largamente, te ama largamente, te reflexiona, aquí en la cárcel todos reflexionamos a Octavio Paz, todos estos jóvenes de México te piensan, Octavio, y repiten los mismos sueños de tu vigilia.» ¿Quién es Martín Dozal? Un joven cuyo destino estaba inscrito en «El cántaro roto»: «tiene 24 años [...] enseñaba poesía o matemáticas e iba de un lado para otro, con su iracunda melena, con sus brazos, entre las piedras secas de este país, entre los desnudos huesos que machacan otros huesos, entre los tambores de piel humana, en el país ocupado por el siniestro cacique de Cempoala». ¿Quiénes eran los jóvenes presos que leían a Octavio Paz? «No son los jóvenes ya obesos y solemnes de allá afuera [...] los futuros caciques gordos de Cempoala, el sapo inmortal.» Son «el otro rostro de México, del México verdadero, y ve tú, Octavio Paz, míralos prisioneros, mira a nuestro país encarcelado con ellos». El hecho sencillo de que Dozal y los jóvenes prisioneros leyeran a Octavio Paz infunde en Revueltas una «profunda esperanza»:

No, Octavio, el sapo no es inmortal, a causa, tan sólo, del hecho vivo, viviente, mágico de que Martín Dozal, este maestro, en cambio, sí lo sea, este muchacho preso, este enorme muchacho libre y puro. Y así en otras celdas y otras crujías, Octavio Paz, en otras calles, en otras aulas, en otros colegios, en otros millones de manos, cuando ya creíamos perdido todo, cuando mirabas a tus pies con horror el cántaro roto.

Ésa era la esperanza, pero México en 1969 atravesaba una larga noche. No sólo el poder, la opinión se había desentendido de los presos. Los últimos meses del gobierno de Díaz Ordaz fueron, en efecto, una noche de silencio, complicidad, miedo, mentira y muerte. La noche antevista en «El cántaro roto», poema que los jóvenes habían leído y releían, como una profecía implacable, cumplida en sus propias vidas:

Ay, la noche de México, la noche de Cempoala, la noche de Tlatelolco, el esculpido rostro de sílex que aspira el humo de los fusilamientos. Este grandioso poema tuyo, ese relámpago, Octavio, y el acatamiento hipócrita, la falsa consternación y el arrepentimiento vil de los acusados, de los periódicos, de los sacerdotes, de los editoriales, de los poetas-consejeros, acomodados, sucios, tranquilos, que gritaban al ladrón y escondían rápidamente sus monedas, su excremento, para conjurar lo que se había dicho, para olvidarlo, para desentenderse, mientras Martín Dozal —entonces de quince años, de dieciocho, no recuerdo— lo leía y lloraba de rabia y nos hacíamos todos las mismas preguntas del poema: «¿Sólo el sapo es inmortal?»

Ni siquiera en la Guerra Civil de España la poesía de Paz había cumplido su vocación revolucionaria como en esa lectura colectiva de «El cántaro roto» en la Cárcel Preventiva de Lecumberri, que Revueltas recreaba para su amigo:

Hemos aprendido desde entonces que la única verdad, por encima y en contra de todas las miserables y pequeñas verdades de partidos, de héroes, de banderas, de piedras, de dioses, que la única verdad, la única libertad es la poesía, ese canto lóbrego, ese canto luminoso.

El presidente Gustavo Díaz Ordaz, en una entrevista para la televisión, había desdeñado a Paz como poeta. A esa calumnia alude el párrafo final de Revueltas:

Vino la noche que tú anunciaste, vinieron los perros, los cuchillos, «el cántaro roto caído en el polvo», y ahora que la verdad te denuncia y te desnuda, ahora que compareces en la plaza contigo y con nosotros, para el trémulo cacique de Cempoala has dejado de ser poeta. Ahora, a mi lado, en la misma celda de Lecumberri, Martín Dozal lee tu poesía.

La poesía había entrado en acción.

*   *   *

El 1º de diciembre de 1970 tomó posesión un nuevo presidente, Luis Echeverría. Aunque Díaz Ordaz se había responsabilizado personalmente de los hechos del 2 de octubre, pocos dudan de la responsabilidad que había tenido en ellos Echeverría, el hombre de todas las confianzas de Díaz Ordaz, el ungido por él para sucederlo.

Ya en la campaña presidencial (llevada a cabo en el primer semestre de 1969), Echeverría había mostrado la intención de dar un viraje drástico a la política mexicana, para lo cual comenzó a hablar de «autocrítica» y acuñó el término «apertura democrática». Los estudiantes universitarios que habían simpatizado con el movimiento de 1968 recibieron invitaciones para acompañarlo en su campaña. Al tomar posesión, la composición de su gabinete fue indicio de un cambio generacional y un giro a la izquierda, en consonancia con el ascenso de la Unidad Popular chilena. Echeverría, en esencia, quería ser un «nuevo Cárdenas» (Lázaro Cárdenas había muerto meses antes, en octubre de 1970). Predicaba una vuelta a la Revolución mexicana: repartir tierras, dividir latifundios embozados, alentar un sindicalismo independiente, enfrentar a la «derecha» empresarial, subir de tono la retórica antiimperialista, afiliarse al movimiento de los no alineados, ampliar la cobertura educativa, multiplicar los presupuestos de la universidades (sobre todo de la UNAM) y, para coronar el giro, entablar un acercamiento directo y franco con todos los intelectuales, sobre todo los de su propia generación, pero también los más influyentes en el público, como Daniel Cosío Villegas y Octavio Paz.

Por unos meses el acercamiento funcionó. Paz regresó a México (había pasado fugazmente en 1967, para dar su discurso de ingreso a El Colegio Nacional), elogió los propósitos de «autocrítica» del nuevo gobierno, así como la decisión de liberar a los presos políticos de 1968, entre ellos a su amigo Revueltas, con quien entabla conversaciones para la fundación de un partido político. En el mundo cultural y literario, concentrado sobre todo en tres publicaciones (el suplemento semanal *La Cultura en México* de la revista *Siempre!*, el suplemento dominical del diario *Excélsior* y la *Revista de la Universidad*), también se espera la vuelta de Paz para dirigir el primero de esos órganos y así tomar su sitio como pontífice de la literatura.

Pero un acontecimiento inesperado nubla el horizonte: el 10 de junio de 1971, los presos políticos de 1968, recién liberados por el gobierno, organizan una manifestación que es brutalmente reprimida por el gobierno, utilizando a un misterioso grupo paramilitar denominado «Los Halcones». Se trata de un *encore* menor pero sangriento del 2 de octubre. Los estudiantes son acribillados en los hospitales y en la Cruz Roja. Hay decenas de muertos. Esa misma noche, Echeverría aparece en los medios y promete una pronta investigación para encontrar y juzgar a los culpables. Al día siguiente, Paz lo respalda con un artículo en el que sostiene que Echeverría le había «devuelto la transparencia a las palabras». Pero lo cierto era que, como él mismo había previsto en su carta a Tomlinson, la década que se abría sería violenta. A partir de ese nuevo agravio, muchos impacientes jóvenes universitarios pertenecientes a la generación de 1968 (nacidos aproximadamente entre 1935 y 1950) radicalizan sus posiciones ideológicas, optando muchos de

171

ellos por la guerrilla urbana o rural para emular al Che Guevara y acelerar la Revolución social «aquí y ahora». En cambio, las figuras más representativas de la generación anterior (la llamada de Medio Siglo) deciden respaldar al gobierno diciéndose convencidos de que son «las fuerzas oscuras de la derecha» quienes han orquestado la represión para acorralar a un gobierno progresista. Un lema, acuñado por el influyente periodista y editor Fernando Benítez, se hace famoso: «No apoyar a Echeverría es un crimen histórico.» Carlos Fuentes acuñaría otro, no menos memorable: «Echeverría o el fascismo.»

Pero la investigación prometida por Echeverría no llega, nunca llegó. El cese del regente de la ciudad de México, acusado de la matanza, no convence a los jóvenes. Años después se sabría que aquel funcionario había actuado obedeciendo órdenes superiores. Los campos están deslindados con claridad. La izquierda juvenil —en las aulas universitarias, en los cafés, los diarios, las editoriales y muchas veces en la acción guerrillera— es revolucionaria; los intelectuales de la generación anterior (la del propio Echeverría) cierran filas con el régimen, lo apoyan sin cortapisa y eventualmente se incorporan a él. Daniel Cosío Villegas, el viejo de la tribu, recibe de manos del presidente el Premio Nacional de Literatura en el otoño de 1971, pero no tarda en deslindarse, criticando la política inflacionaria, los actos populistas y lo que llamó «el estilo personal de Echeverría». Sus libros se venderían por decenas de miles. ¿Qué haría Octavio Paz?

XIII

Igual que muchos escritores latinoamericanos, Paz podía
vivir de sus libros y sus conferencias. Podía incorporarse a
la academia en México. Podía residir permanentemente en
el extranjero. Tras su paso por Cambridge y Austin, no le
faltaban invitaciones a universidades en Estados Unidos e
Inglaterra. Harvard lo invitaba para dar las Norton Lectu-
res. Pero Octavio Paz llevaba en las entrañas la necesidad de
fundar de nueva cuenta una revista, de seguir el ciclo
de *Barandal*, *Taller*, *El Hijo Pródigo*. Era la mejor manera de
volver a su raíz familiar y volver también, eventualmente, a
residir en México. El proyecto no era fácil. Ninguna revista
literaria podía sostenerse en México sólo con sus ventas, y
los anunciantes privados eran reacios –para decir lo menos–
a la cultura. Entonces, surgió la invitación por parte del
aguerrido periodista Julio Scherer –director de *Excélsior*–
de alojar y financiar en ese periódico a una revista que llegaría a sus suscriptores y a los puestos de periódicos. Paz
(sin ingresos fijos en ese momento, dado que ni la UNAM
ni El Colegio de México lo habían invitado a incorporarse
a su planta académica) acogió la idea con entusiasmo. El

diario era una cooperativa y las perspectivas de una revista «elitista» no gustaban a los trabajadores, pero Scherer los persuadió, y ese gesto ancló a Paz en México, impidiendo que buscara refugio en alguna universidad del extranjero. Scherer prometió a Paz libertad plena, y cumplió siempre.

Su hermoso nombre en castellano, acuñado por Paz, reflejaba el espíritu que el poeta reclamaba en la vida pública y la vida cultural de México: se llamó *Plural*. Aparecería mensualmente a partir del 1° de octubre de 1971 hasta su súbito final, en julio de 1976. Paz invitó al consejo de redacción al poeta y ensayista Tomás Segovia, con quien sentía desde hacía años la mayor afinidad intelectual, estética y literaria. Tiempo después, el puesto fue ocupado por Kazuya Sakai, escritor y notable artista conceptual, que diseñó buena parte de las portadas tipográficas, y finalmente por el joven ensayista uruguayo Danubio Torres Fierro. El consejo de redacción estuvo compuesto por varios de los antiguos editores de la *Revista Mexicana de Literatura* (José de la Colina, Salvador Elizondo, Juan García Ponce, Alejandro Rossi, Tomás Segovia y Gabriel Zaid). Por un tiempo, su tamaño fue similar al de *The New York Review of Books*.

Su cuerpo de colaboradores nacionales y extranjeros era, de entrada, excepcional, porque recogía la amplia red de contactos que Paz había tejido a través de dos décadas. Avecindado por largos periodos en Harvard, Paz enviaba a las oficinas de *Plural* en México las colaboraciones de los amigos que reencontraba o hacía. En esa época publicaron los americanos Bellow, Howe, Bell, Galbraith, Chomsky, Sontag; los europeos Grass, Eco, Lévi-Strauss, Jakobson, Michaux, Cioran, Barthes, Aron; los españoles Gimferrer y Goytisolo; los europeos del Este Miłosz, Kołakowski, Brodsky; los latinoamericanos Borges, Bianco, Vargas Llosa, Cortázar. Quizá el único gran nombre ausente fue García Márquez. Pero la presencia mayor fue, desde luego, mexicana. En *Plural* publicó su última serie de artículos Daniel Cosío Villegas. La generación de Paz —muy menguada, es verdad, pero aún activa— apareció poco en esas páginas. Los iracundos jóvenes de 1968 casi no tuvieron representación. Pero la «Generación de Medio Siglo» tuvo en *Plural* su momento de mayor participación y creatividad. Prácticamente todos los escritores mexicanos nacidos entre 1920 y 1935 estaban ahí. En primer lugar, desde luego, Carlos Fuentes, pero también Fernando del Paso, José Emilio Pacheco, Ramón Xirau, Luis Villoro, Julieta Campos, Elena Poniatowska. Uno de los casos literarios más notables de *Plural* fue el del filósofo Alejandro Rossi. Su sección fija, «Manual del distraído», apareció mensualmente a partir de octubre de 1973: textos inclasificables, sutiles y originalísimos en los que la filosofía analítica se trasmutaba en una literatura de la cotidianidad con resonancias borgianas que se volvieron, en las generaciones literarias siguientes, tanto en México como en Latinoamérica, objetos de culto.

Plural respondió a su nombre, también, en punto a géneros, pero todos reflejaban el amplio espectro intelectual del director. Su cuerpo principal estaba dedicado a la literatura: poesía, cuento, crítica, teoría y ensayo literario, rescate de figuras emblemáticas para Paz (Mallarmé) y antologías de literaturas que le interesaban: japonesa, española y la joven literatura mexicana. No menos importante fue su atención (mediante ensayos o mesas redondas) a un conjunto de disciplinas ligadas sobre todo a la academia: ciencias sociales, economía, demografía, educación, antropología, filosofía y lingüística. La revista incluyó por un tiempo un rico suplemento de artes plásticas, además de crónicas y críticas de exposiciones. La revista contenía una no muy nutrida sección de libros y otra de comentarios al paso («Letras, letrillas, letrones») en las que Paz, como un joven impetuoso, publicaba textos punzantes, a veces sin firma.

Paz era el director de la revista y como tal imponía sus gustos y criterios, pero *Plural* no buscaba ser un monopolio intelectual, ni siquiera un órgano de hegemonía, sino de disidencia. Disidencia —desde luego— frente a la ortodoxia del PRI (su cultura burocrática, su mentira ideológica, su exaltada visión de sí misma y de la historia), pero disidencia también —y allí residía su novedad y su arrojo— frente a la cultura de izquierda predominante en México. Paz era, siempre fue, un hombre de izquierda. Su revista, igual que su formación y su pensamiento, eran de izquierda. Pero, ante la historia del socialismo en el siglo XX, Paz pensó que la izquierda necesitaba una reforma intelectual y moral. Otras revistas, suplementos literarios y publicaciones mexicanos pensaban distinto. *Plural* no buscó atraerlas, sino debatir con ellas. Si Paz criticaba el monopolio de la política en México, no podía abrazarlo en la cultura. Era mejor poner casa aparte. *Plural* tuvo el mérito de romper una larga tradición de unanimidad cultural de México.

* * *

Los 58 números de *Plural* (octubre de 1971–julio de 1976) marcan una etapa de profunda transformación en el pensamiento político de Paz. En una «Carta a Adolfo Gilly» (*Plural*, febrero de 1972), a propósito de su reciente libro *La revolución interrumpida* (Gilly era un trotskista argentino que había participado en el movimiento estudiantil y continuaba preso), Paz deja testimonio de sus posturas. Tiene con él más convergencias que divergencias. Coinciden en la vena socialista: Paz cree también en la imprescindible vuelta al cardenismo, la defensa del ejido (la propiedad comunal de la tierra) y la necesidad de formar un movimiento popular independiente con obreros, campesinos, sectores de clase media e intelectuales disidentes. Pero difieren en el espíritu libertario. Paz no puede llamar «estados obreros» a la URSS y sus países satélites y lo invita a imaginar proyectos alternativos que muy bien podían encontrarse en una tradición de crítica a la sociedad capitalista anterior a Marx. Paz tiene en mente a Fourier, cuya obra precursora del ecologismo, el respeto a la mujer, la exaltación del amor y el placer, y la armonía entre producción de consumo, le parece a tal grado vigente que le dedicaría un número de la revista (agosto de 1972):

> La tradición del «socialismo utópico» cobra actualidad porque ve en el hombre no sólo al productor y al trabajador sino al ser que desea y sueña: la pasión es uno de los ejes de toda sociedad por ser una fuerza de atracción y repulsión. A partir de esta concepción del hombre pasional podemos concebir sociedades regidas por un tipo de racionalidad que no sea la meramente tecnológica que priva en el siglo XX. La crítica del desarrollo en sus dos vertientes, la del Oeste y la del Este, desemboca en la búsqueda de modelos viables de convivencia y desarrollo.

Paz escribe para los lectores de izquierda. Son los únicos que le importan y, hasta cierto punto, son los únicos que existen. «La derecha no tiene ideas sino intereses», repetirá Paz. Casi no habla de la Iglesia, desdeña al Partido Acción Nacional (partido de profesionistas católicos —muchos de ellos afines al Eje en los cuarenta—, al que no le concede siquiera haber luchado por la democracia desde su fundación en 1939) y desprecia igualmente a la burguesía nacional. La cree capaz de entablar un pacto con el Ejército y los grupos paramilitares, para apoderarse definitivamente del PRI (no sólo dominarlo). En cuanto a la vida en Estados Unidos, su rechazo recuerda las viejas tesis finiseculares de Rodó y Darío sobre la incompatibilidad esencial entre «nosotros», modestos pero «espirituales», y «ellos», poderosos pero vacíos: «el espectáculo de Nueva York o de cualquier otra gran ciudad norteamericana —confiesa en junio de 1971— muestra que este desarrollo termina en la creación de vastos infiernos sociales».

Su interlocución deseada es con la izquierda, sobre todo con la juventud de izquierda. La generación de 1968 había crecido leyendo *El laberinto de la soledad* y se había iniciado en el amor recitando «Piedra de sol»:

> […] amar es combatir, si dos se besan
> el mundo cambia, encarnan los deseos,
> el pensamiento encarna, brotan alas
> en las espaldas del esclavo, el mundo
> es real y tangible, el vino es vino,
> el pan vuelve a saber, el agua es agua…

Pero en aquel agosto de 1972, ocurre algo inesperado. El grupo de jóvenes escritores congregados alrededor del prestigiado crítico Carlos Monsiváis en *La Cultura en México*, de *Siempre!*, se reúnen para armar un número de crítica a Paz y a *Plural*. La curiosa consigna es: «darle en la madre a Paz». ¿Qué les incomodaba? Por un lado, la interpretación surrealista en el capítulo final de *Posdata*. Pensaban que traer a cuento a los viejos dioses y mitos para explicar la matanza de Tlatelolco era, sencillamente, falso, además de políticamente irresponsable porque atenuaba la culpa de los asesinos. ¿Por qué no había escrito un poema en lugar de un ensayo? Los jóvenes críticos comenzaban a percibir en Paz, en su prosa, una estetización de la historia y una propensión a la abstracción y generalización. Por otra parte, les molestaba el «reformismo» político de Paz, su súbito y para ellos inexplicable abandono de la vía revolucionaria. Cierto, ellos no eran revolucionarios de fusil, pero veían con simpatía y esperanza a los focos guerrilleros en el estado de Guerrero y buscaban documentar, en las huelgas o manifestaciones de descontento, señales de una inminente insurrección popular.

En agosto de 1972, esos jóvenes dirigidos por Monsiváis (entre otros David Huerta, Héctor Manjarrez, Héctor Aguilar Camín, Carlos Pereyra y yo) armamos un número titulado «En torno al liberalismo mexicano de los setenta». Pensábamos que el adjetivo «liberal» era un estigma evidente y hablamos peyorativamente de las libertades formales, la libertad de expresión y la democracia. Valores aguados. Asegurábamos que en el México revolucionario de los setenta ese pensamiento anacrónico no tenía cabida. Tratábamos, literalmente, de «expulsar a los liberales, los del discurso».

En un artículo sin firma titulado «La crítica de los papagayos», Paz responde a sus críticos con un par de «coscorrones». Les recuerda que incluso los grandes teóricos del marxismo (de Marx y Engels a Kołakowski y Kosik, pasando por Rosa Luxemburgo) jamás difamaron los conceptos de «libertad de expresión» y «democracia». Y les recuerda también que el hecho mismo de publicar sus opiniones con libertad contradice su tesis. En su ira contra el sistema, ellos estaban de ida. Su «punto de vista» era el «marxismo» y querían un cambio radical. Paz estaba de vuelta de muchas ilusiones juveniles. Este duelo intelectual fue quizá el primer indicio de un rompimiento entre Paz y la generación de 1968.

* * *

Paz, es verdad, se había vuelto reformista. Pero no era liberal, sino un peculiar socialista libertario. Paz nunca dejó de ponderar al sistema político al que había servido. Negar esa historia era negar a la Revolución mexicana. Y él era –en un sentido biológico y cultural– un hijo de la Revolución mexicana. El «sistema» había alcanzado logros económicos, educativos, culturales y sociales «muy importantes». Y en la esfera política, frente a la crónica oscilación entre anarquía y autoritarismo militar en América Latina, no era poca cosa haber logrado un «compromiso entre el caudillismo y la dictadura». Ese compromiso era la esencia del PRI que, con todos sus defectos, «no era un apéndice del imperialismo y la burguesía». Con todo, si el objetivo era construir «un socialismo democrático fundado en nuestra historia», la salida debía buscarse por fuera del PRI. La consigna era «movimiento popular más democratización».

La palabra «democratización» —no «democracia»— aparece con frecuencia en sus textos de la época. «Democratización» había sido una voz clave en el movimiento de 1968. Paz la había hecho suya en *Posdata*. ¿Qué busca expresar con ella? Ante todo libertades plenas: de manifestación, de expresión, de participación y de crítica; justamente las libertades que el México moderno reclamaba pero que el régimen del PRI había conculcado (o comprado) por decenios, y la represión de 1968 había aplastado. «Democratización» como el espacio libre donde se despliega la crítica. Paz, significativamente, no usa nunca la palabra voto. No se refiere nunca a las elecciones ni siquiera para criticar el control del gobierno sobre ellas. Simplemente no cree en la democracia occidental. Le parece razonable el rechazo de los jóvenes estadounidenses y europeos a la democracia representativa tradicional y al parlamentarismo. No obstante, Paz quiere la «democratización»: propiciar la pluralidad de expresión política, el debate de ideas, la generación de proyectos alternativos.

Para que el debate de ideas fuera fructífero y veraz, los escritores debían mantener su «distancia del príncipe». Igual que Cosío Villegas, Paz había entendido que su dependencia personal de la filantropía oficial había inhibido su capacidad crítica. Había que hacer la crítica del poder en México, en Latinoamérica. Ése era el tema de nuestro tiempo. En mayo de 1971, al denunciar las falsas «Confesiones» de Heberto Padilla, había señalado:

Nuestro tiempo es el de la peste autoritaria: si Marx hizo la crítica del capitalismo, a nosotros nos falta hacer la del Estado y las grandes burocracias contemporáneas, lo mismo las del Este que las del Oeste. Una crítica que los latinoamericanos deberíamos completar con otra de orden histórico y político: la crítica del gobierno de excepción por el hombre excepcional, es decir, la crítica del caudillo, esa herencia hispano-árabe.

La tarea era inmensa. Pero para llevarla a cabo había que separar «La letra y el cetro» (Paz trajo a cuento casos notables de la cultura china para ilustrar su convicción). El escritor debía hacer política, política independiente. No bastaba que el escritor (Paz prefería esta palabra a «intelectual», porque aquella suponía el ejercicio de la literatura) resistiese la seducción del poder. Había otro poder aún más incisivo: «la fascinación de la ortodoxia». El escritor debía abstenerse de buscar «un asiento en el capítulo de los doctores». Así, al recordar la relación de los escritores y el poder, por primera vez (*Plural*, octubre de 1972), Paz deslizó una crítica directa al mito central de su siglo y su vida, la Revolución:

La historia de la literatura moderna, desde los románticos alemanes e ingleses hasta nuestros días, es la historia de una larga pasión desdichada por la política. De Coleridge a Mayakowski, la Revolución ha sido la gran Diosa, la Amada eterna y la gran Puta de poetas y novelistas.

La política llenó de humo el cerebro de Malraux, envenenó los insomnios de César Vallejo, mató a García Lorca, abandonó al viejo Machado en un pueblo de los Pirineos, encerró a Pound en un manicomio, deshonró a Neruda y Aragón, ha puesto en ridículo a Sartre, le ha dado demasiado tarde la razón a Breton... Pero no podemos renegar de la política; sería peor que escupir contra el cielo: escupir contra nosotros mismos.

La crítica de «El cántaro roto» vuelta movimiento, acción. La mejor política de un escritor era criticar al poder personificado, al «cacique gordo» en turno (*tlatoani*, virrey, caudillo, sacerdote, presidente, banquero, líder corrupto...) Y ejercer también la crítica disidente, la crítica de las ideologías y la ortodoxia, la crítica de la Revolución.

* * *

Paz no hablaba de oposición sistemática al poder. Menos aún de oposición armada al poder. Reprobaba que García Márquez predicara «la revolución aquí y ahora». ¿Cuál debía ser entonces la distancia justa entre el escritor y el poder? La idea de Paz pasó por una prueba práctica en el mismo número de *Plural*, dedicado a «Los escritores y el poder». Se trata de la carta de Gabriel Zaid a Carlos Fuentes.

Nacido en Monterrey en 1934, ingeniero industrial, Zaid había conocido a Paz en aquel viaje de conferencias por el noreste del país. Paz se había sorprendido del talento, la inteligencia y la originalidad de aquel joven poeta. En los años sesenta, además de su poesía, Zaid comenzó a publicar breves ensayos críticos en el suplemento *La Cultura en México* de la revista *Siempre!* Sus textos parecían teoremas: el lector los terminaba diciendo «queda esto demostrado». No se detenía ante los consagrados: podía celebrar los sonetos de Pellicer o la audacia de Octavio Paz en su poema «Blanco», pero con igual naturalidad encontró confuso el libro *Corriente alterna*, y lo publicó. Quizá por influencia de C. Wright Mills, Zaid descubrió la imaginación sociológica aplicada a la literatura. No sólo las obras se convertían en temas legítimos: también los autores, las editoriales, las librerías, los procedimientos de difusión, los lectores, los libros y hasta «los demasiados libros». Así comenzaron a aparecer sus críticas al aparato cultural y a los usos y costumbres de la cultura: la pedantería académica, los golpes bajos entre escritores, la profusión de premios huecos, el protagonismo, la superficialidad, la inane poesía de protesta, las malas antologías, la seudocrítica y otras prácticas de lo que Marx llamó la «canalla literaria».

La crítica de la cultura condujo a Zaid a la crítica de la ideología en la cultura. Mientras un sector de la clase intelectual mexicana y latinoamericana soñaba con ejercer la «crítica de las armas» o entregaba «las armas de la crítica» al comandante de la Revolución cubana, Zaid –que publicó un poema contra Díaz Ordaz– fue un disidente solitario.

Su rasgo más notable era la experimentación formal: idear un irónico soneto, simular un anuncio de periódico, un oficio burocrático o un alegato jurídico podía tener un efecto más letal que la más apasionada diatriba. En ocasiones podía bastar una frase, como una réplica a Fernando Benítez, a raíz de la matanza del 10 de junio de 1971, que ni siquiera el director de *Siempre!* se atrevió a publicar: «el único criminal histórico es Luis Echeverría». Tras esa censura, Zaid renunció a *Siempre!*, y meses después se incorporó al consejo de colaboración de *Plural*.

En aquel octubre de 1972, habían pasado 16 meses desde el 10 de junio sin que la investigación prometida por Echeverría se hubiese producido. Sin embargo, Carlos Fuentes (y junto con él un grupo amplio de escritores e intelectuales) seguía brindándole su apoyo público. Zaid argumentó que Fuentes hacía un desfavor al modesto poder público de los escritores poniéndolo al servicio del poder omnímodo del presidente. Y dado que el propio Fuentes había sugerido que su apoyo estaba condicionado a la investigación prometida, Zaid le sugirió poner una fecha límite a su paciencia. Fuentes se rehusó. La investigación nunca se produjo, y el tiempo mostró la complicidad (al menos) de su gobierno con los hechos de sangre. El apoyo de Fuentes fue permanente. En 1975, se convirtió en embajador de México en Francia.

Octavio Paz había predicado la necesidad de una crítica de la *pirámide* política mexicana y la necesaria búsqueda de un modelo alternativo de desarrollo. Zaid le tomó la palabra en ambos temas. Mes con mes en *Plural*, su columna «Cinta de Moebio» ofreció un análisis insuperable (por su penetración y originalidad) del Estado mexicano que en 1979 reuniría en su libro *El progreso improductivo*. Contra la sabiduría convencional, Zaid pensaba que la persistencia de la pobreza mostraba el fracaso de la oferta estatal de modernización y sustentó su tesis en una crítica puntual de la cultura del progreso (en particular la mexicana): la incongruencia o distorsión de sus ideas convencionales; la imposibilidad práctica, la demagogia o el romanticismo de sus promesas redentoras; la frustración, la injusticia, la desmesura a que arrastran sus mitologías. Nadie había pensado antes la vida política mexicana, por ejemplo, como un mercado vertical de obediencia o como una peculiar corporación parecida a la General Motors, y nadie había cuantificado las deseconomías de las pirámides burocráticas, empresariales, sindicales y académicas de México. Zaid lo hizo. Dejando al margen las *intenciones teóricas* del Estado mexicano, conectaba su experiencia de consultor de empresas con un alud de lecturas y análisis estadísticos, para auditar su *desempeño práctico* en varios aspectos: sus instituciones, sus ministerios, sus empresas descentralizadas, sus políticas económicas y sociales. Y el resultado era negativo.

Lo que seguía era diseñar un nuevo proyecto. Ésa era la segunda proposición de Paz. Zaid ofrecía perspectivas frescas para atender en sus necesidades concretas y reales a los pobres del campo y la ciudad. Había, por ejemplo, que archivar programas, suprimir instituciones que sólo se servían a sí mismas o engrosaban la nómina del Estado, y diseñar en cambio *una oferta pertinente y barata de medios de producción* que llegara a las comunidades rurales y las zonas marginadas. Entre las varias ideas que desarrolló en su columna de *Plural* estaban el apoyo a la microempresa, el establecimiento de un banco para pobres (anticipación directa del Banco Grameen de Bangladesh) y el reparto de dinero en efectivo entre la población más necesitada (la idea fue recogida por los gobiernos mexicanos a partir de los años noventa y se convertiría en el programa social de mayor éxito y reconocimiento internacional). Una vez adoptadas, las ideas de Zaid parecieron naturales. Lo cual recuerda una frase de Kant: «No falta gente que vea todo muy claro, una vez que se le indica hacia dónde hay que mirar.»

* * *

La otra crítica política que reclamaba Paz era la crítica del dogma. Agraviada por el doble golpe de 1968 y 1971, atraída por la imagen y la teoría del Che Guevara, un sector de la juventud mexicana se impacientaba cada vez más, al grado de tomar las armas. Paz vio en esos jóvenes el espejo de sus compañeros de preparatoria en los años treinta: «muchachos de la clase media que transforman sus obsesiones y fantasmas personales en fantasías ideológicas en las que el "fin del mundo" asume la forma paradójica de una revolución proletaria... sin proletariado». Quiso advertirles sobre el elemento irreal y hasta suicida de su intento.

Paz criticó a la guerrilla latinoamericana con categorías marxistas: la consideraba una versión anacrónica del «blanquismo» repudiado por Marx y Engels. «Ahora está rampante en la América Latina, consagrado por la sangre de un justo trágica y radicalmente equivocado: Guevara»:

Tal vez no sea del todo exacto llamar «blanquistas» a los extremistas latinoamericanos. Luis Blanqui fue un revolucionario romántico y su figura pertenece a la prehistoria revolucionaria (aunque algunas de sus concepciones tienen una inquietante semejanza con el leninismo). En todo caso, la ideología de los latinoamericanos es un «blanquismo» que se ignora. Pero más bien se trata de una lectura terrorista del marxismo.

Tampoco Trotski habría aprobado –según Paz– el blanquismo latinoamericano. Para demostrarlo, citaba *La revolución traicionada* (1936): «Supongamos que la burocracia soviética es desplazada del poder por un partido revolucionario... Ese partido comenzará por restablecer la democracia en los sindicatos y en los soviets. *Podrá y deberá restablecer las libertades de los partidos soviéticos...*» El subrayado era suyo. Compárense estos textos, pedía, «con las proclamas y los actos de los terroristas latinoamericanos y mexicanos».

La nueva izquierda mexicana no estaba integrada, como en los años treinta, por sindicatos obreros, el Partido Comunista, los grupos progresistas dentro del régimen (que en el cardenismo eran legión) y subsidiariamente por artistas e intelectuales. La nueva izquierda mexicana era sobre todo —ésa era la gran novedad— un contingente universitario de clase media. Para ellos, y en cierta forma aún, escribía Paz en 1973:

La izquierda es la heredera natural del movimiento de 1968 pero en los últimos años no se ha dedicado a la organización democrática sino a la representación —drama y sainete— de la revolución en los teatros universitarios. Pervertida por muchos años de estalinismo y, después, influida por el caudillismo castrista y el blanquismo guevarista, la izquierda mexicana no ha podido recobrar su vocación democrática original. Además, en los últimos años no se ha distinguido por su imaginación política: ¿cuál es su programa concreto y qué es lo que propone ahora —no para las calendas griegas— a los mexicanos? Tampoco ha podido organizar a sus contingentes y movilizar en acciones nacionales. Todavía sigue siendo un vago proyecto la gran alianza popular independiente que muchos proponen desde 1970. Incapaz de elaborar un programa de reformas viables, se debate entre el nihilismo y el milenarismo, el activismo y el utopismo. El modo espasmódico y el modo contemplativo: dos maneras de escaparse de la realidad. El camino hacia la realidad pasa por la organización democrática: la plaza pública, no el claustro ni la catacumba, es el lugar de la política.

* * *

En octubre de 1973, Paz publica «Los centuriones de Santiago», su protesta al golpe militar en Chile. Su rechazo del militarismo latinoamericano es explícito y total. *Plural* ha seguido el proceso chileno con atención y preocupación, solidarizándose con el régimen democrático. Pero ahora *Plural* acompaña la denuncia de los hechos con el análisis, incluyendo en él la responsabilidad del extremismo de izquierda en la caída de Allende. Había sido un error enajenar a la clase media y al pequeño empresario. El panorama latinoamericano se ensombrecía y radicalizaba: por un lado, «dictadura militar reaccionaria» en Chile, militarismo populista en el Perú, dictadura tecno-militar en Brasil; en el otro extremo, ascenso de los movimientos guevaristas. «América Latina —escribió— es un continente de retóricos y violentos.» A pesar de la tragedia de Chile —o debido a ella— se decía convencido de que «el socialismo sin democracia no es socialismo».

En la navidad de 1973, en casa del crítico Harry Levin de la Universidad de Harvard, ocurre un encuentro que cataliza su propia reforma intelectual. Su amigo Daniel Bell escribiría unos años después que a todo intelectual de izquierda en el siglo XX le llegaba «su Kronstadt». El de Paz le llegó esa noche, cuando conoció a Joseph Brodsky. Sus dudas habían comenzado muy temprano, quizá en 1937, cuando Paz había querido viajar a la URSS para ver con sus propios ojos el experimento socialista. En 1951 había denunciado los campos de concentración en ese país. Su desencanto había sido paulatino y creciente, pero sus textos posteriores sobre el tema, aunque críticos, se habían movido siempre en el nivel de las opiniones más que del análisis documentado. De pronto, Brodsky trae consigo la realidad del escritor perseguido en la URSS. No representa una teoría de la disidencia: es la presencia viva de un disidente. La conversación se encaminó al origen del autoritarismo marxista. Paz se remontó a Hegel. Brodsky dijo que comenzó en Descartes «que dividió al hombre en dos y sustituyó el alma por el yo…» A los americanos, recuerda Paz, les parecía extraño el uso de la palabra *alma*. Paz comentó a Brodsky: «Todo lo que usted ha dicho recuerda Chestov, el filósofo cristiano del absurdo, el maestro de Berdiaev.» Brodsky se emocionó: «¡Qué alegría encontrar *aquí* a alguien que recuerda a Chestov! Aquí, en el corazón del cientismo, el empirismo y el positivismo lógico […] Sólo podía ocurrir esto con un poeta latinoamericano.» El encuentro con Brodsky lo confirma en su crítica sobre Occidente, pero las evidencias sobre la suerte de los escritores en la URSS —encarnadas en Brodsky— lo inquietan profundamente. ¿Dónde se había colocado él, Paz, en todas esas décadas?

Esos mismos días, lee el *Archipiélago Gulag*. El libro cierra el círculo del cambio, y comienza el de la contrición. La circunstancia es propicia. El 31 de marzo cumplirá 60 años. En cuatro noches de febrero escribe los breves poemas que titula «Aunque es de noche». Son los poemas antiestalinistas que habría querido escribir cuando Osip Mandelstam escribía el suyo. «Alma no tuvo Stalin: tuvo historia / Deshabitado Mariscal sin cara, servidor de la nada.» Paz describe su era «resuelta en ruinas» en una línea: «el siglo es ideograma del mal enamorado de su trama». La lectura lo libera: «Solzhenitsyn escribe. Nuestra aurora es moral: escritura en llamas, flora de incendio, flora de verdad.» Pero él, Paz, se culpa: «Cobarde, nunca vi al mal de frente.»

Los poemas se publican en el número de marzo de *Plural*, acompañados de un ensayo capital en su obra: «Polvos de aquellos lodos». Más que un ensayo es un juicio al bolchevismo y al marxismo, un juicio a su propia tradición, a su «punto de vista», y, finalmente, un severo juicio a sí mismo. «Aquellos lodos» son los suyos, sus lecturas de juventud, sus creencias fijas, las verdades no vistas, las verdades calladas. Preside el texto un epígrafe de Montaigne: «*J'ai souvent ouy dire que la couardise est mère de cruauté.*» Con obsesiva exactitud recuerda —como para exculparse frente a sí mismo o frente a un tribunal en la historia— su denuncia de los campos de concentración en 1951 y las acusaciones de que había sido objeto por parte de la ortodoxia estalinista desde los años cuarenta, cuando *Taller* y *El*

Hijo Pródigo criticaron la estética socialista y Paz peleó con Neruda: cosmopolita, formalista, trotskista. A ésas se sumaban las más recientes: agente de la CIA, «intelectual liberal», «estructuralista al servicio de la burguesía». Pero el recuento, al parecer, no lo consuela. Y como consecuencia de su intenso encuentro con Brodsky, para situar intelectualmente a Solzhenitsyn en la tradición de disidencia (y situarse él mismo, modestamente, en ella), Paz revisa la tradición de «espiritualidad rusa» emparentando a Solzhenitsyn (y a Brodsky) con Chestov, Berdiaev, Dostoievski y Soloviev, es decir, con los críticos cristianos de la Edad Moderna. Le conmueve la fuerza moral de esa tradición (la crítica de Blake, Thoreau y Nietzsche), y sobre todo menciona a los «irreductibles e incorruptibles –Breton, Russell, Camus y otros pocos, unos muertos y otros vivos– que no cedieron ni han cedido a la seducción totalitaria del comunismo y el fascismo o al confort de la sociedad de consumo». Paz, ¿se hallaba a sus propios ojos entre esos «pocos»? Sólo al final del texto lo descubriría.

Es acaso la primera vez que Paz cita a Russell. También se refiere con amplitud y por vez primera a un libro de Sajarov sobre la libertad intelectual en la URSS (publicado por Gallimard, en Francia, en 1968), y a Hannah Arendt (cuya obra *Los orígenes del totalitarismo* es de 1951), lo mismo que a dos recientes autores norteamericanos centrales para comprender la historia y el resultado de la pasión revolucionaria en Rusia: James Billington y Robert Conquest. Aunque no ignora la vertiente racista del gran escritor ruso, Paz defenderá con denuedo la obra de Solzhenitsyn sobre el universo concentracionario en la URSS frente a críticos mexicanos que la consideraban reaccionaria y hasta pro imperialista. Para Paz se trata de un testimonio insuperable en el sentido religioso del término: «en el siglo de los falsos testimonios, un escritor se vuelve testigo del hombre».

El juicio continúa. En el banquillo están sus clásicos, ante todo *El Estado y la Revolución* de Lenin, obra de cabecera. Todavía lo conmueve su «encendido semi-anarquismo», pero no puede cerrar los ojos al papel de Lenin como fundador de la Cheka ni como introductor del terror. (Aporta citas probatorias.) Por ese mismo tamiz, ya sin mayor contemplación, pasan Trotski y Bujarin, «hombres eminentes aunque trágicamente equivocados» y de ningún modo comparables a un «monstruo como Stalin». ¿Y Marx y Engels? ¿Cabía salvarlos? Parcialmente. Paz reconoce los «gérmenes autoritarios» en el pensamiento maduro de ambos, pero los considera menores en grado a los de Lenin y Trotski. El ensayo desemboca —¿quién lo diría?— en Bertrand Russell, cuya objeción central a Marx era el desastroso abandono de la democracia. Otra novedad: aunque citada en Russell, Paz escribe la palabra «democracia». No democratización, sino democracia. Y señalaba el doble rasero con el que la izquierda latinoamericana trataba a las «libertades formales», reclamando su proscripción en Chile, pero tolerándola en Rusia o Checoslovaquia (no mencionaba a Cuba). Cierto, había que combatir al imperialismo norteamericano, su racismo y el injusto sistema capitalista; había que denunciar también al cesarismo (la prisión del escritor uruguayo Onetti, los asesinatos en Chile, las torturas en Brasil). Y «la existencia de ciudad Netzahualcóyotl con su millón de seres humanos viviendo una vida sub-humana a las puertas mismas de la ciudad de México nos prohíbe toda hipócrita complacencia». Pero del mismo modo era preciso defender las libertades formales. Sin esas libertades, «la de opinión y expresión, la de asociación y movimiento, la de poder decir *no* al poder–, no hay fraternidad, ni justicia, ni esperanza de igualdad». El encuentro con Brodsky y la lectura de Solzhenitsyn lo habían hecho remontarse, por primera vez, a una tradición suya aún más antigua que sus lecturas anarquistas: la tradición liberal de su abuelo, la misma que en las páginas de *Plural*, invitado por Paz, defendía Daniel Cosío Villegas.

Y sin embargo, no había llegado aún el tiempo de afirmarse e identificarse con esa tradición. El tiempo de Paz (en el gozne de sus sesenta años) era de autoanálisis y contrición. Pensó en Aragon, Éluard, Neruda y otros famosos poetas y escritores estalinistas y sintió «el calosfrío que me da la lectura de ciertos pasajes del Infierno». Justificó su generoso impulso inicial de solidarizarse con las víctimas y oponerse al imperialismo. Pero advirtió que «insensiblemente, de compromiso en compromiso, se vieron envueltos en una malla de mentiras, falsedades, engaños y perjurios hasta que perdieron el alma».

Faltaba un acusado en el juicio: Octavio Paz. ¿Podía salvarse? No, no podía salvarse, no del todo:

Agregaré que nuestras opiniones políticas en esta materia no han sido meros errores o fallas en nuestra facultad de juzgar. Han sido un pecado, en el antiguo sentido religioso de la palabra: algo que afecta al ser entero. Muy pocos de nosotros podrían ver de frente a un Solzhenitsyn o a una Nadezhda Mandelstam. Ese pecado nos ha manchado y ha manchado también, fatalmente, nuestros escritos. Digo esto con tristeza y con humildad.

*   *   *

En esos mismos días, poco antes de cumplir los sesenta años, Paz escribió uno de sus poemas más famosos: «Nocturno de San Ildefonso». Es un largo poema cuyo tema es una vuelta al paisaje de la juventud en la ciudad de México:

> Allí inventamos,
> entre Aliocha K. y Julián S.,
>   sinos de relámpago
> cara al siglo y sus camarillas.
>   Nos arrastra
> el viento del pensamiento,
>   el viento verbal,
> [...]

El bien, quisimos el bien:

                        enderezar al mundo.

Pero la mirada de Paz no es, como en 1968, festiva y esperanzada. Ya no le alegra la vuelta a los treinta porque ha visto de frente la realidad que resultó de aquella pasión revolucionaria. Ha visto la historia, *su* historia:

Enredo circular:
                todos hemos sido,
en el Gran Teatro del Inmundo;
jueces, verdugos, víctimas, testigos,
                          todos
hemos levantado falso testimonio
                    contra los otros
y contra nosotros mismos.
                Y lo más vil: fuimos
el público que aplaude o bosteza en su butaca.
La culpa que no se sabe culpa,
                la inocencia,
fue la culpa mayor.
                Cada año fue monte de huesos.

Conversaciones, retractaciones, excomuniones,
reconciliaciones, apostasías, abjuraciones,
zig-zag de las demonolatrías y las androlatrías,
los embrujamientos y las desviaciones:
mi historia.

Cada línea, cada palabra refiere a un hecho, a un personaje, a un episodio concreto. Cada versión del zigzag recordaba a un amigo. El «bostezo en la butaca» ¿es el del Segundo Congreso de Escritores en Valencia ante la condena a Gide? ¿Fue inocente por no saber, por saber a medias, por no querer saber, por sentirse inocente? Fue culpable de inocencia: «ahora sabemos que el resplandor, que a nosotros nos parecía una aurora, era el de una pira sangrienta». Él había creído en ese esplendor, en esa aurora. Creído por demasiado tiempo. A purgar ese «pecado» dedicó las tres décadas finales de su vida. Y al tratar esos temas, sus palabras tuvieron siempre la gravedad de un profundo conflicto religioso.

XIV

A principios de 1975, influido ya de manera permanente por su espíritu de contrición y lastimado por la atmósfera intelectual de México (por lo general hostil a sus artículos críticos sobre la izquierda), Paz escribe a Tomás Segovia, antiguo secretario de redacción de *Plural*, una carta apesadumbrada. La inmersión en la ortodoxia rusa y soviética lo había llevado a mirar con ojos cada vez más críticos la huella de intolerancia y dogmatismo de la Iglesia católica en México: «¡Qué suerte la de los países hispánicos! —escribía a su amigo—. Si triunfa el Dogma, habremos pasado de la Contrarreforma —tras el breve respiro, más bien abyecto, del siglo XIX y parte del XX— a la neocontrarreforma comunista, tal vez jesuítica y sin duda más cerrada y feroz que la otra.» La impresión de vivir un nuevo oscurantismo lo lleva a mencionar los acuerdos que habían dado origen a *Plural*: «La necesidad de iniciar una crítica seria de la Mentira (el PRI como arquetipo de nuestra vida intelectual, literaria, personal e interpersonal), y [...] la necesidad de extender esa crítica al Dogma, enfermedad del espíritu que ha hecho más daño entre los intelectuales latinoamericanos que la viruela entre los indios en el siglo XVI.» *Plural* había permanecido fiel a ese doble proyecto crítico: contra el PRI y contra el Dogma. En las páginas de *Plural*, Daniel Cosío Villegas no sólo criticaba sistemáticamente los usos antidemocráticos del PRI como brazo electoral de una «monarquía absoluta sexenal», sino que desnudaba el «estilo personal» —retórico, dispendioso, megalomaníaco— del «monarca» en turno. Por su parte, Zaid explicaba las graves consecuencias económicas (devaluación de cerca de 100%, sextuplicación de la deuda externa, inflación de dos dígitos, pérdida de la estabilidad y el crecimiento) que estaba provocando al país la concentración de la política económica en la presidencia. Paralelamente, con la publicación de autores como Kołakowski, Djilas, Brodsky, Aron y con los propios textos de Paz, *Plural* combatía también a la corriente ideológica dominante en México, incluida aquella que Paz llamaba «gentuza defensora del Dogma que viste a la moda guerrillera y barbuda y es revolucionaria a la Guevara». Ésa había sido la doble misión disidente de *Plural*, pero, «salvo dos o tres solitarios» que no menciona (pensaba en Cosío Villegas, Zaid y hasta cierto punto Rossi y José de la Colina), los escritores mexicanos de *Plural*, indiferentes casi todos a la crítica política e ideológica, habían «preferido dejarlo solo».

Estaba realmente solo frente a una cultura doblemente hegemónica: el nacionalismo gobiernista y el dogmatismo de izquierda. En México ser «de izquierda» y ser «gobiernista» no era un pecado. Lo ideal era ser sólo «de izquierda» sin ser «gobiernista», pero se podía ser gobiernista con tal de ser de izquierda (Fuentes, Benítez). La clave maestra consistía en no abjurar del Dogma. Paz lamentaba que el «Dogma» resultara «un excelente instrumento de venganza literaria (para) los poetastros y literatoides». Envueltos en él, los jóvenes de izquierda podían decretar que Paz ya no era «de izquierda», podían tacharlo de «gobiernista» (que no lo era), «derechista» (que lo era menos) y hasta de «liberal» (que tampoco era, propiamente, menos aún en el ámbito económico). Esa facilidad para la descalificación hacía que Paz, en su carta, tachara de «mezquina» e «infame» la vida intelectual en México. Le parecía menos «respirable» que la «España de Franco»: «En España padecen una dictadura, en México nos padecemos a nosotros.» Su solución personal era la de siempre:

Hay que escribir, escribir —negro sobre blanco— mientras los presidentes, los ejecutivos, los banqueros, los dogmáticos y los cerdos, echados sobre inmensos montones de basura tricolor o solamente roja, hablan, se oyen, comen, digieren, defecan y vuelven a hablar.

Para colmo, *Plural* remaba contra la corriente, aun en el propio diario *Excélsior*, donde Julio Scherer tenía que defenderla de quienes reclamaban que no fuera rentable y la consideraban elitista. Aun la obra reciente de Paz —*Los hijos de limo*, su ambicioso libro publicado en España sobre el ocaso de las vanguardias— había recibido sólo dos notas: «una incompetente y otra distraída, inexacta y con sus ribetes de mala intención». Tiempo atrás se había desahogado con su amigo Tomlinson:

México me duele, pero yo les duelo a los mexicanos. A veces pienso que no me quieren, pero exagero: no existo, no pertenezco, no soy de los suyos. Lo mismo le pasó a Reyes, lo mismo le pasa a Tamayo. Su pintor es Siqueiros —lo adoran. Y su verdadero poeta debería haber sido Neruda […] Qué mala suerte han tenido conmigo —y yo con ellos.

La vida en México le parecía casi irrespirable, pero Octavio Paz sabía ya que, en algún momento cercano, tendría que volver. Su estancia de cinco años entre 1954 y 1959 no había sido una vuelta sino un tránsito, el paréntesis de un exilio de 25 años. Así lo había vivido. Pronto tendría que tomar el camino de vuelta.

XV

Su poesía había comenzado a dar la vuelta, a estar de vuelta
de las vanguardias y las experimentaciones, de vuelta a un
formato más clásico aunque siempre libre, de vuelta al examen de sus creencias fundadoras, de vuelta a sus orígenes.
En la misma vena de «Nocturno de San Ildefonso», en 1975
Paz escribe uno de sus poemas más extensos y celebrados:
Pasado en claro. El poema ya no es el lugar del recuerdo, la
revelación o la consagración del pasado, sino el pasadizo
mágico que lleva al poeta «al encuentro de sí mismo». Y ahí
aparecen, con el asombro de la primera vez, la «casa grande»
de Mixcoac, «encallada en el tiempo», «el patio, el muro, el
fresno, el pozo», el jardín y los árboles, los detalles (sabores,
colores, tiendas) de la plaza y su hormigueo humano; aparece «la higuera, sus falacias y su sabiduría» y por primera
vez aparece él, Octavio Paz, en la vigilia de la biblioteca:

> A la luz de la lámpara —la noche
> ya dueña de la casa y el fantasma
> de mi abuelo ya dueño de la noche—
> yo penetraba en el silencio,

cuerpo sin cuerpo, tiempo
sin horas. Cada noche,
máquinas transparentes del delirio,
dentro de mí los libros levantaban
arquitecturas sobre una sima edificadas.
Las alza un soplo del espíritu,
un parpadeo las deshace.

Es el niño en el primer círculo de su solitario laberinto:

Niño entre adultos taciturnos
y sus terribles niñerías,
niño por los pasillos de altas puertas,
habitaciones con retratos,
crepusculares cofradías de los ausentes,
niño sobreviviente
de los espejos sin memoria […]

«En mi casa los muertos eran más que los vivos.» Y el poeta retrata a unos y a otros. A su madre Josefa, «niña de mil años, / madre del mundo, huérfana de mí», y a su tía Amalia, «Virgen somnílocua» que le «enseñó a ver con los ojos cerrados, / ver hacia dentro y a través del muro». El recuerdo del abuelo Ireneo es dulce y tierno, pero el de Octavio padre es desolado:

Del vómito a la sed,
atado al potro del alcohol,

mi padre iba y venía entre las llamas.
Por los durmientes y los rieles
de una estación de moscas y de polvo
una tarde juntamos sus pedazos.

Dos líneas desgarradoras definen su vínculo. En vida, el silencio. En la muerte, el diálogo, pero un diálogo que elude el tema central, el de la muerte:

Yo nunca pude hablar con él.
Lo encuentro ahora en sueños,
esa borrosa patria de los muertos.
Hablamos siempre de otras cosas.

El tema del padre vuelve a aparecer, ennoblecido siempre por la política, en noviembre de 1975, cuando Paz concede una larga entrevista que titula precisamente «Vuelta a *El laberinto de la soledad*». En ella refiere detalles inéditos sobre la genealogía de aquel libro (por ejemplo, la influencia de Unamuno y Ortega, la obra de Roger Caillois sobre los mitos, el carácter terapéutico del libro, la lectura de *Moisés y el monoteísmo* de Freud), pero ante todo revela datos desconocidos sobre su propia genealogía personal e histórica. Al hablar del zapatismo, Paz sube el tono y remacha el vínculo filial, histórico y personal con su padre: «Mi padre pensó desde entonces que el zapatismo era la verdad de México. Creo que tenía razón.» El tema lo lleva a evocar la amistad de su padre con los campesinos del sur indio de la ciudad de México, la defensa de sus tierras, y hasta el delicioso plato precolombino («pato enlodado») que comían cuando lo acompañaba. La conjunción de tradición y revolución, propia del zapatismo, lo había «apasionado». «El zapatismo era la revelación, salir a flote de ciertas realidades escondidas y reprimidas.» Más que una revolución o una rebelión, era una revuelta —es decir, una nueva vuelta— de lo más profundo de México y hacia lo más profundo de México. «Zapata —concluía— está más allá de la controversia entre los liberales y los conservadores, los marxistas y los neocapitalistas: Zapata está *antes* —y tal vez, si México no se extingue, estará *después*.»

Poemas, entrevistas, recuperación de los orígenes históricos y familiares, del paisaje infantil y la geografía juvenil, actos de contrición, exámenes de conciencia, confesiones, formas todas de poner el pasado en claro. Presagios de su vuelta.

XVI

Ya en México, el 10 marzo de 1976 lo sorprende la muerte
de Daniel Cosío Villegas. Paz había peleado con él hacia los
años cincuenta y nunca había sido, propiamente, su amigo.
Pero la pasión crítica los había acercado. Cosío Villegas
no era «gobiernista», pero tampoco era de «izquierda».
Era, en su propia definición, «un liberal de museo» y un
nacionalista moderado. Gozaba de un inmenso prestigio
público. Paz acude a su sepelio. Estaba solo, pensativo y
serio, ocupando un segundo plano. Días después, dedica
a su memoria el número 55 de *Plural* (correspondiente a
abril). Allí escribe un sentido texto, «Las ilusiones y las convicciones», donde dialoga con la visión histórica de Cosío
Villegas, quien consideraba que el liberalismo político del
siglo XIX, expresado en la Constitución federal de 1857, era
la piedra fundacional del México moderno. Pensaba también que tanto la larga dictadura de don Porfirio como los
gobiernos de la Revolución habían abandonado ese proyecto de liberalismo constitucional a cambio de un Estado
central y monopólico que, si bien había conducido —hasta
1970, cuando menos— la apreciable modernización material

del país, había limitado severamente el progreso político. A juicio de Cosío Villegas, los fines sociales de la Revolución como la reforma agraria, la legislación laboral o la educación universal no eran incompatibles con la democracia y la libertad. De sus ensayos se desprendía que el problema central de México era la reforma política: limitar la concentración de poder presidencial y transitar a un sistema más abierto, libre y responsable. Curiosamente, Cosío Villegas no abordó propiamente el tema de la democracia electoral.

Paz vivía la historia mexicana con pasión autobiográfica, pero su enfoque y hasta sus conocimientos no eran los del historiador sino del filósofo y poeta de la historia. Hijo de la Revolución mexicana (como Cosío), Paz compartía la visión «constructiva» de sus regímenes, pero seguía considerando que el liberalismo constitucional del siglo XIX había sido un periodo «abyecto», una *caída* histórica, una imposición de una doctrina europea a una realidad ajena, una negación trágica de las raíces indígenas y españolas del país. Paz no proponía una imposible vuelta a esas raíces, pero llamaba a una síntesis creativa de los tres Méxicos: el indio, el católico/español y el moderno. (Extrañamente, nunca habló de la síntesis más saliente de la historia cultural mexicana: el mestizaje.) A su juicio, los tres Méxicos debían dialogar, pero la supresión política de los conservadores en el siglo XIX (obra de la Reforma de Juárez) había provocado que la realidad profunda que representaban se insinuara subrepticiamente en la vida política del

país, entronizando la mentira. Mediante esta notable explicación casi freudiana, Paz explicaba, por ejemplo, el conservadurismo del PRI, heredero formal del liberalismo, pero
heredero real del pensamiento centralista y hasta monár-
quico de los conservadores.

Eran, pues, dos enfoques muy distintos frente a la historia, pero estaban de acuerdo en una premisa: la necesidad
de discutir libremente los problemas, las raíces, los proyectos. Cosío Villegas, el liberal nacionalista, hubiese querido
que esa renovación política y moral la encabezara el propio
PRI. Paz, el socialista libertario, había confiado en el surgimiento de un partido y un proyecto de izquierda, pero sus
ilusiones se evaporaban. Ahora veía la trayectoria pública
de Cosío Villegas —medio siglo de servicio como editor,
ensayista, historiador, diplomático y crítico— y admiró su
claridad y su valentía: «Cosío Villegas atravesó sonriente el
fúnebre baile de disfraces que es nuestra vida pública y salió
limpio, indemne [...] Fue inteligente e íntegro, irónico e
incorruptible.» Como había dicho Yeats —citado en el epígrafe—: «he served human liberty».

En julio de ese año, la libertad de expresión en México
sufre un golpe que confirma la crítica de Cosío Villegas: la
necesidad de poner límites institucionales, legales, críticos,
al poder del presidente. Cansado de las opiniones adversas
que se vertían contra él en el diario *Excélsior*, Echeverría
orquestó un golpe de la cooperativa contra Julio Scherer, que dejó la dirección para fundar en pocos meses una

revista política independiente que haría época: *Proceso*. En solidaridad con Scherer, Paz y los escritores de *Plural* renunciaron también. Al poco tiempo, decidieron fundar una revista independiente. Para reunir el pequeño capital inicial que se requería convocaron a una rifa en la que 763 personas hicieron donativos de distinta magnitud. El premio era un cuadro regalado por Rufino Tamayo, y el triunfador fue un joven y prometedor filósofo formado en Oxford, Hugo Margáin.

Hubo un debate entre los colaboradores sobre el nombre. Octavio Paz estaba por publicar una colección de poemas en el mismo sentido introspectivo de *Pasado en claro*: la había titulado *Vuelta*. Contenía un poema del mismo título, que en un pasaje se interrogaba:

> He vuelto adonde empecé
> ¿Gané o perdí?
> (*Preguntas*
> *¿qué leyes rigen "éxito" y "fracaso"?*
> *Flotan los cantos de los pescadores*
> *ante la orilla inmóvil*

El verso en cursiva era una parte del poema de Wang Wei (699-759) en la que el pintor y poeta chino —en el otoño de su vida, ya sin «afán de regresar»— se aleja «del mundo y sus peleas» para «desaprender entre los árboles». Doce siglos atrás se había hecho las mismas preguntas de

Paz, pero su avatar mexicano, en el otoño de su vida, opta
por un camino distinto, que cierra el paréntesis del poema:

> Pero yo no quiero
> una ermita intelectual
> en San Ángel o en Coyoacán)

Y en efecto, la revista que estaba fundando no sería una
ermita intelectual, sino una fortaleza intelectual. Alejandro
Rossi propuso el nombre. A Paz no lo convenció del todo,
pero aceptó. Se llamaría, naturalmente, *Vuelta*.

XVII

La revista *Vuelta* se estableció muy cerca de la «casa grande» de don Ireneo, en el mismo barrio de Mixcoac donde había crecido Paz. Ésa fue por varios años la sede de la nueva revista en la calle de Leonardo da Vinci 17, bis: una casita de dos niveles: uno abajo, minúsculo, pero suficiente para celebrar las juntas; y uno arriba, con una soleada ventana, para alojar al secretario de redacción y al corrector de pruebas. La calle colindaba con un viejo mercado y una pulquería.

El primer número salió en diciembre de 1976. El arreglo, al parecer, no implicaba una estancia definitiva de Paz en México. En sus ausencias lo cubriría Alejandro Rossi, director adjunto, auxiliado por José de la Colina como secretario de redacción. Y buscarían un «gerente o promotor» para llevar a buen término el proyecto empresarial diseñado por Zaid. Paz estaba feliz con su vuelta y su *Vuelta*. Además, a principios de 1977 terminaba de compilar su *Obra poética*. Al comienzo de 1977 había escrito un poema significativo. Lo tituló –como en una antología griega– «Epitafio sobre ninguna piedra»:

Mixcoac fue mi pueblo: tres sílabas nocturnas,
un antifaz de sombra sobre un rostro solar.
Vino Nuestra Señora, la Tolvanera Madre.
Vino y se lo comió. Yo andaba por el mundo.
Mi casa fueron mis palabras, mi tumba el aire.

Muy pronto, las circunstancias se tornan difíciles. Paz vuelve a Cambridge y en marzo es intervenido quirúrgicamente de un cáncer en las vías urinarias. La operación es exitosa, pero dejará huellas. Para entonces, Zaid y Rossi habían propuesto a un candidato para hacerse cargo del «pequeño barquito» (frase de Rossi). Paz acepta la idea y en abril me hice cargo de la secretaría de la redacción y la administración general. Paz salió airoso de la operación y regresó a México. Saldría del país con cierta frecuencia, pero ya no por largas estancias en universidades del extranjero. Ahora tenía por primera vez *su* revista; modesta, delgada, sin los suplementos a color de *Plural*, pero más suya que *Barandal*, *Taller*, *El Hijo Pródigo* y *Plural*, *suya* e independiente.

Desde su primer número, *Vuelta* declaró su lealtad a la poesía y la crítica, y sus principios: «Dejamos *Plural* para no perder nuestra independencia; publicamos *Vuelta* para seguir siendo independientes.» La independencia tenía que ser, ante todo, financiera. Depender por entero del gobierno (como era la tradición en México) era condenarse a la negociación de una línea editorial. Depender únicamente de los lectores y suscriptores era deseable pero ilusorio: el público lector de

Vuelta no rebasaba las 10 000 personas. Había que buscar un equilibrio entre ambas fuentes —admitir que el gobierno se promocionara y conquistar a los lectores—, pero había también que acudir a una fuente hasta entonces impensable: la iniciativa privada. *Plural* no lo había necesitado, porque *Excélsior* financiaba toda la operación. Pero *Vuelta* no podía darse ese lujo. Y comenzó una labor ardua, prolongada y sistemática de atracción de anuncios privados. Poco a poco varias compañías nacionales y extranjeras empezaron a publicar un anuncio institucional en las páginas de la revista. Los suscriptores nacionales y extranjeros comenzaron a llegar. La revista tenía modestas utilidades. Era viable.

Por los siguientes 23 años, *Vuelta* sería su trinchera pero también su taller literario. Desde su biblioteca, en el departamento del histórico Paseo de la Reforma de la ciudad de México donde vivió durante casi todos esos 20 años, hablaba por teléfono diariamente para proponer artículos, reseñas, traducciones, relatos, poemas, pequeños comentarios. Alfonso Reyes (1889-1959), el prolífico hombre de letras que había precedido a Paz como figura tutelar de la literatura mexicana, lamentaba que «Hispanoamérica hubiese llegado demasiado tarde al banquete de la cultura universal». Paz, desde muy joven, había decidido incorporarse a ese banquete y los ecos de esa conversación, que duraba ya medio siglo, llegaban a *Vuelta* donde Ortega y Gasset, Sartre, Camus, Breton, Neruda, Buñuel eran convidados habituales. Pero no sólo se escuchaban las voces del pasado, porque ahora era *Vuelta* la que convocaba al banquete donde se sentaban animadamente Borges, Kundera, Irving Howe, Daniel Bell, Joseph Brodsky, Miłosz, Kołakowski y centenares de escritores de todos los continentes y de varias generaciones. La nómina de *Plural* incluida y multiplicada.

Por primera vez, a los 63 años de edad, en el ámbito personal parecía tenerlo todo: amor, afecto cercano de sus amigos nuevos y antiguos, estabilidad material, independencia. Las ediciones europeas de sus libros prosperaban. Algunos de sus libros, sobre todo *Libertad bajo palabra* y *El laberinto de la soledad*, eran clásicos de México. Y tenía el tiempo y la concentración suficientes para escribir una obra magna largamente planeada sobre Sor Juana Inés de la Cruz, su par literario que vivió en la segunda mitad del siglo XVII.

Su vuelta a México suscitó encuentros felices con su pasado. Un amigo andaluz (el presidente de Pedro Domecq, Antonio Ariza) se dio el gusto de festejarlo en su rancho de Texcoco, cercano a la zona que solía visitar con su padre. La sorpresa fue el manjar que Paz no probaba desde hacía 50 años: el «pato enlodado». La mayor parte de aquellos sus encuentros los provocaba él, en el espacio de *Vuelta*. Allí volvió a conversar y discutir con sus viejos amigos, y con el joven poeta que fue. Así publicó la correspondencia final de Jorge Cuesta antes del suicidio, varios ensayos sobre Villaurrutia (ilustrados por Soriano) y una nueva versión (limpia de ideología y retórica, pero más intensa) de aquel poema que había escrito en Yucatán: «Entre la piedra y la flor».

Pero su vuelta a los años treinta tenía sobre todo un carácter polémico y combativo con la fe de esos años y, precisamente por eso, consigo mismo. Sin el fervor ideológico de Paz en los treinta, no se entiende el fervor crítico de los setenta. Por eso enlazó a *Vuelta* con los autores fundamentales de la disidencia del Este (como Bukovski, Kundera, Michnik); dio voz a la Carta de los 77 en Checoslovaquia; publicó unas «anticipaciones anarquistas sobre los nuevos patrones» de la URSS (defensa de Bakunin en su polémica con Marx); reivindicó ampliamente a los primeros críticos del marxismo (Souvarine, Maurois, Serge); desenterró aquel olvidado testamento de la viuda de Trotski que había leído en París en 1951; consolidó la amplia presencia de los contemporáneos que, como él, habían tenido un pasado marxista que revisar y purgar (Kołakowski, Furet, Besançon, Bell, Howe, Jean Daniel, Castoriadis, Enzensberger); atrajo a los críticos de izquierda en habla hispana que criticaban al comunismo (Semprún, Goytisolo, Vargas Llosa) y, para escándalo de la clase intelectual de México, no sólo publicó sino trajo a México para conversar por televisión a los «nuevos filósofos» (Bernard-Henri Lévy, André Glucksmann) que en Francia habían roto con Sartre y se proclamaban seguidores de Camus.

Parecía tenerlo todo, pero una sola bendición, inscrita en su nombre, le faltaría, como le había faltado a Ireneo y a Octavio: la paz.

* * *

Paz vivía en un estado de constante exaltación. Tenía la melena de un león y como un león se batió en la querella ideológica que lo aguardaba. Había en ella un eco de las discusiones de Mixcoac entre el abuelo Ireneo y el padre Octavio. Pero ahora los papeles estaban cambiados: él tomaba el sitio de Ireneo y los jóvenes, iracundos o idealistas, tomaban el del padre Octavio o hasta el suyo mismo, el del joven bolchevique que había soñado ser héroe o mártir. Había llegado a México a deshacer equívocos, pero se encontró con el equívoco mayor: la Revolución, no la liberal o libertaria, ni siquiera la mexicana sino la marxista, había terminado por embrujar a la generación de 1968 y a su inmediata sucesora.

Más allá de las pulsiones parricidas que muchos jóvenes escritores mostraron hacia él y hacia *Vuelta*, el rechazo al hombre que los había defendido públicamente en 1968 tuvo un elemento de incomprensión. Paz entablaba su polémica con los representantes de la izquierda mexicana (estudiantil, académica, intelectual, sindical, partidaria) justamente porque seguía siendo un hombre de izquierda y porque seguiría creyendo en el socialismo: «es quizá la única salida racional a la crisis de Occidente». Pero ellos no creían ya en esas profesiones de fe: Paz, no ellos, había cambiado.

Octavio Paz, en efecto, había cambiado, aunque no en el sentido de adoptar el capitalismo o la economía de mercado, ni siquiera, propiamente, la democracia liberal. Había cambiado sus creencias de juventud, se había desilusionado del comunismo y, al menos en el ámbito europeo, no estaba solo en ese desencanto. Hacia 1977 lo acompañaba la corriente del «eurocomunismo» francés, italiano y español; lo acompañaban los protagonistas de la reciente transición democrática en Portugal y sobre todo en España, donde el PSOE, Partido Socialista Obrero Español, renunciaría al dogma de la «dictadura del proletariado». Lo acompañaban los principales intelectuales de Francia (no sólo los críticos históricos como Raymond Aron, sino muy pronto Sartre y hasta el mismísimo Althusser, padre del neomarxismo latinoamericano). Lo acompañaba Hans Magnus Enzensberger, que publicaba en *Vuelta* su poema «El naufragio del Titanic» sobre la Revolución cubana. Lo acompañaban los disidentes en la URSS y en Polonia, Checoslovaquia, Rumania, Alemania del Este, países que Kundera llamaría de la «Europa secuestrada». Y lo acompañaban, finalmente, quienes en Occidente comprendían que la Revolución disidente de 1968 en el Este había sido más riesgosa y valiente que la de París, Londres o Berkeley. Pero los estudiantes y profesores de México no lo acompañaban: sólo en México 1968 había desembocado en una matanza. Al agravio de Tlatelolco se había sumado el 10 de junio. Y en 1973, la juventud universitaria se había cimbrado por el golpe militar contra Salvador Allende, que vivieron como en carne propia. Era la triple evidencia de que la Revolución social era el único camino.

Los textos y declaraciones de Paz en aquel periodo tuvieron, es verdad, un tono imperativo e impaciente, porque lo exasperaba la ignorancia o ceguera sobre la realidad del orbe soviético y chino (ignorancia y ceguera que habían sido, por mucho tiempo, las suyas propias), pero también porque temía que los países latinoamericanos –y sobre todo México– se precipitaran en un tobogán de violencia revolucionaria que podría derivar en una dictadura militar genocida o en un régimen totalitario como el de Castro. El primer escenario ocurría ya, desde luego, en Chile, Uruguay y Argentina. Y el segundo, al menos en su vertiente guerrillera, estaba ya en Colombia, parcialmente en Venezuela y en otros países de Centroamérica. Ninguno de los dos desenlaces era imposible en México. Si los años treinta no habían podido encontrar un espacio democrático entre esos dos extremos, los setenta debían intentarlo. Ésa fue la misión disidente de Paz: rehacer el libreto de los treinta.

Sus jóvenes críticos querían justamente lo contrario: revivir ese libreto. ¿Quiénes eran? Sobre todo universitarios, que en tiempos de Echeverría se multiplicaron y radicalizaron. La UNAM de 1977 no era la de 1968. Echeverría había tenido la obsesión de lavar sus considerables culpas en la matanza de 1968 y para ello se propuso, como prioridad, atraer a la clase académica y estudiantil, en la cual veía, no sin razón, un potencial revolucionario. El subsidio a la UNAM aumentó en un 1688% (la inflación, presente sobre todo de 1971 en adelante, había llegado al 235%). Tras el doble agravio de 1968 y 1971, un sector de los estudiantes se impacientó lo suficiente como para emular al Che Guevara e incorporarse a la guerrilla en la agreste sierra de Guerrero o practicar el terrorismo urbano. Contra ellos, el gobierno desató una represión feroz, la llamada «guerra sucia». Otro sector ejerció la militancia en numerosos grupos que apoyaban huelgas obreras, acudían a fábricas o entablaban contactos con la guerrilla guatemalteca que enfrentaba el militarismo más salvaje de la región. La mayoría terminó por incorporarse a las corporaciones académicas, a la propia UNAM y a otras instituciones de enseñanza superior: la Universidad Autónoma Metropolitana, el Colegio de Ciencias y Humanidades, el Colegio de Bachilleres, todas creadas en los setenta.

Al salto de escala en la composición económica, social y demográfica de las instituciones de enseñanza superior (sobre todo de la UNAM) correspondió un ascenso de la influencia del Partido Comunista Mexicano en los campus, no sólo en los profesores y alumnos, sino en el poderoso sindicato universitario. Igual que otros partidos y sectas de la izquierda, más o menos ligadas a Moscú o al trotskismo, el PCM había cruzado las décadas como una organización marginal, con cierto arraigo en sindicatos obreros de empresas del sector público (ferrocarriles, maestros). Pero en los setenta halló en las universidades un ámbito ideal para su consolidación política.

Mientras en Occidente el marxismo iba de salida, en las aulas de México (tanto en la capital como en muchas universidades de provincia) tomaba gran fuerza. Tradicionalmente, el marxismo en México había sido una doctrina de líderes sindicales (Vicente Lombardo Toledano), artistas plásticos (Rivera, Kahlo, Siqueiros), no pocos millonarios excéntricos (Víctor Manuel Villaseñor, Ricardo J. Zevada) y revolucionarios románticos (Revueltas). Pero su legitimidad académica e intelectual era reciente: databa de los años sesenta, debía mucho a la obra de Sartre y al inmenso y continuado prestigio de la Revolución cubana. Muchos profesores universitarios se habían formado en las escuelas de ciencia política de París, habían ido repetidamente a Cuba y escribían con frecuencia en su defensa. Las revistas y suplementos culturales anteriores a *Plural* —la *Revista de la Universidad* y *La Cultura en México*, entre otros— habían sido partidarios de la Revolución cubana y no dejaron de serlo, aun tras las «Confesiones» de Heberto Padilla. Toda crítica palidecía frente a sus logros educativos y sociales de la Revolución y al acto gallardo de desafiar al Imperio.

Este auge del marxismo se reflejó en los planes de estudio. Aun en facultades o escuelas tradicionalmente «apolíticas» como arquitectura y ciencias comenzaron a impartirse abundantes cursos de marxismo. Las carreras de economía y ciencias políticas se volvieron predominantemente marxistas. La Facultad de Filosofía se defendía un poco (había una corriente de filósofos analíticos), pero el marxismo captó muchos adeptos. Universidades nuevas como la UAM impartían marxismo en la carrera de diseño gráfico. Un brillante alumno de esa carrera se recibió con una tesis sobre Althusser: se llamaba Rafael Sebastián Guillén Vicente, viajaría (como muchos otros jóvenes) a entrenarse a Cuba y a Nicaragua, y en 1983 se adentraría en la selva de Chiapas adoptando el nombre de batalla que muchos años más tarde se volvería legendario: el «Subcomandante Marcos».

Para alimentar los planes de estudio hacía falta una oferta editorial pertinente. Esta oferta la proveyó la Editorial Siglo XXI. Su director, Arnaldo Orfila Reynal (viejo arielista argentino que había dirigido con gran tino el Fondo de Cultura Económica entre 1948 y 1965), estableció desde 1965 un vínculo cercano con Casa de las Américas en Cuba y se propuso la edición sistemática de la vulgata marxista. Se tradujo la obra completa del Che, Marta Harnecker vendió centenares de miles de ejemplares, y el neomarxismo francés (Poulantzas, Althusser) encontró decenas de miles de lectores. Otro factor que contribuyó al proceso de radicalización fue la inmigración del Cono Sur. Varios ameritados profesores e intelectuales provenientes de Chile, Argentina y Uruguay –perseguidos por sus gobiernos genocidas y agraviados profundamente por la intervención de Estados Unidos en el golpe contra Allende– se incorporaron a la universidad. Eran los nuevos transterrados de México, y alentaron la radicalidad ideológica. Finalmente, pesó mucho también la nueva actitud de la Iglesia católica, que desde el Concilio Vaticano II experimentaba un corrimiento a la izquierda. Muchos jóvenes que habían estudiado la escuela secundaria o preparatoria con los jesuitas veían con entusiasmo que su orden renunciara a la labor tradicional de educar a las élites y concentrara sus esfuerzos en atender y ayudar a los pobres de México.

A partir de 1977, el *boom* petrolero favoreció aún más el crecimiento de las universidades, que comenzaron a volverse fuentes de trabajo muy bien remuneradas. Esa incorporación masiva a las instituciones académicas atenuó la violencia revolucionaria, pero no el «espíritu contestatario» presente en las aulas y los cafés, las publicaciones y el arte, la canción de protesta y los mítines. En 1978, Zaid comprobó estadísticamente que el radicalismo político e ideológico aumentaba con los ingresos. ¿Por qué? El propio Zaid, en la revista *Plural*, había delineado una primera respuesta. Los universitarios mexicanos vivían «en socialismo». Criticaban a una burguesía inconsciente del modo en que su posición material determinaba sus ideas, pero eran a su vez inconscientes del modo en que su propia posición material en la academia (una posición alejada de la producción de riqueza, y dependiente por entero del Estado) se proyectaba en su visión de mundo, hasta hacerlos imaginar que esa posición particular era generalizable. Esta condición los llevaba a esperar demasiado del Estado o de un futuro Estado revolucionario que volvería a todos los mexicanos... universitarios.

Frente a este universo, Octavio Paz fue el hereje favorito. Esa posición lo ofendía profundamente y también lo mantenía en un estado de alerta y exaltación. Desde su regreso a México vivía con la espada desenvainada.

* * *

En septiembre de 1977, con ocasión de una huelga promovida por el sindicato universitario (cercano al PCM) que paralizó a la UNAM, Paz tachó al PCM de ser sólo un «partido universitario», le sugirió dejar su conducta «provocadora» y abrirse a la competencia en la plaza pública, como hacían sus homólogos en España, Francia, Portugal y, más cerca, en Venezuela, con el ejemplo del Movimiento Al Socialismo (MAS) de Teodoro Petkoff. Pero su cargo más reiterado contra la izquierda fue la «esterilidad intelectual». Y en este ámbito la responsabilidad era de quienes con sorna llamó «ulemas y alfaquíes» (dogmáticos y jurisconsultos del islam): los intelectuales.

A su caracterización dedicó varios textos. Lamentaba su «extraño idealismo: la realidad está al servicio de la idea y la idea al servicio de la Historia». Todo lo que confirmaba la idea era bienvenido. Todo lo que la contradecía o matizaba era negado. La izquierda practicaba una evidente doble moral: justificadamente indignada y entristecida por los crímenes de la dictadura en Brasil, Argentina y Chile, callaba inexplicablemente ante lo que sucedía en Checoslovaquia,

Bulgaria, Cuba o Albania. ¿Por qué, si intelectuales de izquierda intachables como Juan Goytisolo, Jorge Semprún o Fernando Savater se atrevían a abjurar de sus antiguas creencias o a retractarse de ellas, en México la ortodoxia seguía intocada? «El silencio y la docilidad de los escritores faccionarios —sentenció— es una de las causas del anquilosamiento intelectual y de la insensibilidad moral de la izquierda latinoamericana».

A fines de 1977, uno de los exponentes más destacados de esa izquierda intelectual se sintió aludido (justificadamente) y publicó un artículo contra Paz. Era el escritor Carlos Monsiváis, hombre de aguda ironía, gran cultura y formidable arrastre entre los estudiantes. En términos formales, le reprochaba su tendencia a la «generalización» y la «pontificación». En cuanto al contenido, argumentaba: Paz era suave con el PRI, la derecha y el imperialismo, y desdeñaba los movimientos sindicales y populares de izquierda; Paz encomiaba sospechosamente al tradicionalismo religioso mexicano; Paz pretendía sustituir el concepto de «lucha de clases» por la lucha entre el México «desarrollado y el subdesarrollado»; Paz pedía al escritor una inadmisible «desvinculación» de la ideología; Paz estaba obsesionado por su crítica al Estado; y Paz se negaba a reconocer «el esfuerzo épico para construir la República Popular China, el heroísmo que creó la identidad del pueblo vietnamita o la suma de significados que en América Latina acumuló y acumula la Revolución cubana. La crítica a las deformacio-

nes del socialismo debe acompañarse de una defensa beli-
gerante de las conquistas irrenunciables».

Su réplica fue feroz: «Monsiváis no es un hombre de
ideas sino de ocurrencias.» En su prosa —agregó— aparecen «las tres funestas fu: confuso, profuso, difuso». En el
método de Monsiváis, Paz advertía una retórica de la descalificación: torcer los argumentos, omitir lo que no conve-
nía, hacer insinuaciones y exclamaciones, todo para mejor
colgar en el opositor el sambenito de representar a «la derecha» o ser «de derecha», en vez del análisis de hechos con-
cretos, la discusión de posiciones ideológicas abstractas. Paz
respondió a las críticas, puntualmente: señalar la debilidad
de los partidos políticos, sobre todo los de la izquierda, no
equivalía a una congratulación sino a una crítica que buscaba reparar ese hecho, acercar a la izquierda mexicana a
sus homólogos en España o Venezuela. Consignar la fidelidad del pueblo mexicano a la Virgen de Guadalupe no
significaba que él mismo fuese un tradicionalista. Las con-
sideraciones sobre el México marginal y el desarrollado
(comúnmente utilizadas por los sociólogos del día, incluso
los marxistas) no implicaban una negación de la lucha de
clases. A los escritores nunca les había pedido una desvinculación ideológica, sino la responsabilidad de escuchar
la voz de su conciencia, como Gide y Orwell. Era penoso
tener que recordar a Monsiváis las diversas críticas de *Plural* y *Vuelta* contra las burocracias privadas, los sindicatos y
otros monopolios políticos y económicos que no «cuadra-

ban» con su descalificación. ¿Por qué omitía esas críticas? Porque el objetivo era descalificarlo. Finalmente, agradecía a Monsiváis su franqueza al referirse a los países «llamados socialistas»:

Me acusa de autoritario en el mismo párrafo en que se atreve a imponerme como condición de la crítica al socialismo burocrático «el reconocimiento de sus grandes logros». ¿Se ha preguntado si esos «grandes logros» se inscriben en la historia de la liberación de los hombres o en el de la opresión? Desde los procesos de Moscú —y aún antes— un número mayor de conciencias se pregunta cómo y por qué una empresa generosa y heroica, que se proponía cambiar a la sociedad humana y liberar a los hombres, ha parado en lo que ha parado. El análisis y la denuncia de las nuevas formas de dominación —lo mismo en los países capitalistas que en los «socialistas» y en el mundo subdesarrollado— es la tarea más urgente del pensamiento contemporáneo, no la defensa de los «grandes logros» de los imperios totalitarios.

El intercambio tuvo una ronda más. Paz formuló su deseo para la izquierda mexicana: «tiene que recobrar su herencia legítima». Esa herencia legítima provenía del siglo XVIII, se llamaba crítica, empezando por la crítica de sí misma. Éstas eran las posturas de Paz. ¿Cabía encasillarlas como «de derecha»?

La corriente central del pensamiento revisionista y social-demócrata —de entonces y después— diría, por supuesto, que no, pero muchos universitarios de izquierda y sus voceros intelectuales se empeñaron en hacerlo ver como tal. El historiador y ensayista Héctor Aguilar Camín publicó un artículo titulado «El apocalipsis de Octavio Paz» en el que simplemente reproducía varias de las afirmaciones de Paz como si se refutaran solas. El problema de Paz, explicó Aguilar Camín en ese texto, era que *envejecía mal*:

> Del poeta adánico de sus años veinte y treinta, al desolado clarificador de su pasado en sus años sesenta; del nacionalista sano, fundador, de *El laberinto de la soledad*, al juglar de mitos socialmente vacíos y de imágenes circulares de *Posdata*; del intelectual indisputado y deslumbrante de apenas el decenio pasado —escuela y signo de una generación— al Jeremías de las ultimas épocas. Paz es sustancialmente inferior a su pasado y está, políticamente, a la derecha de Octavio Paz.

Al paso de los años, Monsiváis se acercó a las principales posturas de Paz. Héctor Aguilar Camín las haría suyas, aún más.

Los ataques, en fin, se sucedían por escrito y en persona. Un grupo de escritores llamado «Infrarrealista» gustaba de boicotear a Paz en presentaciones públicas. Eran jóvenes iconoclastas que amaban genuinamente la poesía.

De origen modesto algunos de ellos, su poeta predilecto (con buenas razones) era Efraín Huerta, el viejo compañero de Paz, hombre de izquierda que, a pesar de las diferencias ideológicas, nunca rompió con Paz. En una ocasión, Paz recitaba poemas junto a David Huerta, excelente poeta también. En su lectura, Paz reiteraba la palabra «luz» y un joven «infrarrealista» comenzó a repetir con sorna «mucha luz, cuánta luz, demasiada luz». Estaba bebido. «Venga para acá y hable», le dijo Paz. «¿Qué trae usted contra mí?» «Un millón de cosas.» Paz le indicó que eso lo discutirían afuera del recinto público. El «provocador» salió de la sala. «El alcoholismo —sentenció el poeta— no disculpa la estupidez.» Entre los infrarrealistas destacaba el escritor chileno Roberto Bolaño, que en *Los detectives salvajes* dibujó el retrato de un Paz egolátrico.

*   *   *

Pero no todos los malquerientes de Paz y *Vuelta* eran literarios. El 29 de agosto de 1978 la guerra de las generaciones alcanzó al círculo cercano de los colaboradores de *Vuelta*, pero no con la violencia verbal sino con la violencia real. Uno de esos colaboradores frecuentes, el joven filósofo Hugo Margáin Charles (aquel que había ganado el cuadro de Tamayo en la rifa organizada para la fundación de *Vuelta*) fue secuestrado por un comando guerrillero y apareció muerto, desangrado, con un tiro en la rodilla. El crimen nunca se aclaró ni apareció el culpable. Días después, llegó a la redacción de la revista un sobre anónimo con un escrito firmado por «J. D. A. Poesía en armas» que incluía una amenaza: «Se volverá a saber de nosotros.» El texto se titulaba «Epístola en la muerte de Hugo Margáin Charles». Condenaba la protesta pública de *Vuelta* por la muerte de Margáin: a diario, en América Latina y México, morían campesinos «ametrallados en su milpa o en camino a casa» y obreros «destrozados en una alcantarilla con veinte puñaladas». Enseguida justificaba el asesinato: Margáin era el perro que había que matar para seguir con el proceso de acabar con la rabia.

Octavio Paz sintió que había llegado su hora final, y la encaró con valentía. Escribió un poema en el que desafiaba al autor del anónimo y casi convocaba su propia inmolación. El consejo de redacción, en particular Gabriel Zaid, lo disuadió. El poema no se publicó, pero en el número de noviembre apareció una nota de la redacción titulada «Los motivos del lobo», que recogía buena parte del texto anónimo y, a partir de él, señalaba:

Más allá de las amenazas y de la cobardía de embozarse en la sombra para escupir sobre un cadáver, el mensaje es patético por su lógica circular y necrofílica: predica el asesinato de inocentes, porque si bien «la rabia purulenta la engendra el capitalismo y no el perro» («éste es solamente transmisor de la rabia»), «acabar con los perros a la larga va a traer como consecuencia que la rabia se quede sin defensa». El lobo cuida así la pureza del rebaño; mata para acabar con la muerte: «condenar la muerte lleva implícito el hecho de acabar con ella aunque sea con ella misma». No hay que condenar el asesinato, sino comprender los motivos del asesino: «Jehová condenó el acto de Caín» pero «jamás investigó los motivos del acto de Caín», que eran, naturalmente, acabar con la rabia.

El consejo de *Vuelta* clarificaba: no era cierto que todas las muertes tuvieran la misma significación: por algo la represión y el terrorismo escogían a sus víctimas y «el asesinato de un hombre cualquiera» no causaba la misma conmoción que la muerte de Federico García Lorca, el Che Guevara o Mandelstam; además, habría sido monstruoso que el asesinato de un hombre valioso no doliera especialmente a sus amigos. *Vuelta* no acusaba a nadie porque no tenía pruebas contra nadie. Pero condenaba el asesinato, viniese de donde viniese: los terroristas o las autoridades, la izquierda o la derecha, la estupidez aventurera o el cálculo:

El nihilista Nechaev nos repugna tanto como […] todos esos intelectuales —filósofos, profesores, escritores, teólogos— que, sin tomar las armas, asumen posiciones equívocas que, tácitamente, son una justificación de asesinato. En fin, por condenables que sean los motivos de los ángeles exterminadores (trátese de los de Somoza y Pinochet o de las Brigadas Rojas) hay que condenarlos en primer lugar por sus actos.

* * *

A la guerrilla en México no la venció finalmente el Ejército: la dobló la reforma política que ideó e instrumentó en 1978 un notable político liberal, Jesús Reyes Heroles, que durante los primeros años de la administración de José López Portillo (1976-1982) ocupó la Secretaría de Gobernación. Desde allí pactó la apertura de la vida parlamentaria para el Partido Comunista y otras formaciones de izquierda. A partir de ese momento, la izquierda empezó a tomar vuelo, aunque su verdadera consolidación llegaría hasta 1988, cuando un grupo disidente del PRI —encabezado por Cuauhtémoc Cárdenas, el hijo del legendario presidente— se desprendió del partido que su padre había contribuido a fundar para postularse a la presidencia y crear, el año siguiente, lo que don Lázaro hubiera podido pero nunca se atrevió: un partido que unificase a la izquierda, con las banderas de la Revolución mexicana pero sin filiación comunista.

A pesar de que la reforma política correspondía a la idea democrática que Paz venía proponiendo a la izquierda y al gobierno desde *Posdata*, la guerra ideológica no amainó. En 1979 *Vuelta* dio la bienvenida al sandinismo y en ningún momento dejó de publicar textos críticos y analíticos sobre las dictaduras genocidas en Argentina, Chile y Uruguay. De hecho, a partir de 1980, su circulación estaría prohibida en Chile, Argentina y Uruguay. Pero los denuestos contra Paz y su revista fueron constantes. A fines de los setenta (luego del asesinato de Margáin), sintiéndose acosado y aislado, Paz respondió a las críticas ampliando su presencia en los medios. Ya no sólo publicaría en *Vuelta*, sino en las páginas de *El Universal*, diario donde dos amigos suyos —José de la Colina y Eduardo Lizalde— empezaron a dirigir un suplemento literario semanal: *La Letra y la Imagen*. Al poco tiempo, Paz comenzó a aparecer también, con comentarios internacionales, en el principal noticiero nocturno de la televisión mexicana: *24 Horas*, conducido por Jacobo Zabludovsky. Su decisión era no permitir que lo «ninguncaran». Esa decisión le valió nuevos ataques. Al paso del tiempo, prácticamente todos los que lo deturparon aparecieron en la televisión.

XVIII

Llevaba varios años trabajando en su libro sobre Sor Juana Inés de la Cruz. Era su vuelta definitiva al estudio del orden católico que, según explicaba en *El laberinto de la soledad*, había paliado la orfandad de los indios tras la Conquista dándoles un sentimiento de cobijo y pertenencia. Pero el escritor de los años setenta ya no es el de *El laberinto de la soledad*. La crítica de Paz al orden socialista del siglo XX lo había llevado a una conclusión incómoda: la permanencia del orden católico en el siglo XIX y XX había impedido la modernización en una medida que acaso no había ponderado de manera suficiente. Había aludido a esa faceta, es cierto, en *El laberinto de la soledad*: la escolástica petrificada, «la relativa infecundidad del catolicismo colonial» —escribió— son muestra de que «la "grandeza mexicana" es la del sol inmóvil, mediodía prematuro que ya nada tiene que conquistar sino su descomposición». Y se había preguntado: ¿dónde estaba la salud?, contestando de inmediato: afuera, en la intemperie... «los mejores han salido» para desprenderse del cuerpo de la Iglesia y respirar un «aire fresco intelectual». En la visión de Paz sobre los siglos coloniales había una dualidad inescapable, una dualidad que también era real, histórica. Pero ahora esa dualidad lo confrontaba de manera inescapable: escribía la biografía de la mujer que sin duda había sido «la mejor», pero que al final de su vida decía ser «la peor de todas»: Sor Juana.

Paz se había acercado desde los años cuarenta a esa alma gemela. Destinos paralelos e inversos; Paz y Sor Juana, dos solitarios. Separados por tres siglos, ambos habían vivido una búsqueda. Él, desde joven, en un mundo en guerra pero en un país libre, había buscado el orden, la reconciliación: el mundo de ella. Ella, desde su orden cerrado y estático, había buscado la apertura, la libertad: el mundo de él: «La solitaria figura de Sor Juana –había escrito Paz en *El laberinto de la soledad*– se aísla más en ese mundo hecho de afirmaciones y negaciones, que ignora el valor de la duda y del examen. Ni ella pudo –¿y quién?– crearse un mundo con el que vivir a solas. Su renuncia que desemboca en el silencio no es una entrega a Dios sino una negación de sí misma.»

¿Negación de sí misma o afirmación de sí misma? En *Sor Juana Inés de la Cruz o las trampas de la fe* (1982), Paz vio aquella quiebra existencial como un eco de la intolerancia ideológica del siglo xx. No podía admitir (como le señalaron algunos airados críticos católicos) que Sor Juana negara esta vida para afirmar la otra, la verdadera. Paz se negaba rotundamente a aceptarlo. Se había convencido de la convergencia entre las dos ortodoxias: la cristiana y la marxista. Ambas se sentían «propietarias de la verdad».

Paz volcaba su espíritu de contrición en Sor Juana y se pregunta: ¿Por qué había obedecido la orden de su confesor y vendido su biblioteca? ¿Por qué, si la curiosidad intelectual era su alimento desde niña, la había sacrificado en el altar de la fe? ¿Por qué, si había llegado a las mayores alturas literarias, filosóficas e intelectuales de su tiempo, había llevado a cabo la oblación de su espíritu libre, muriendo al poco tiempo? Sor Juana, pensó, debió sentir la misma culpa sin fundamento de los acusados de Moscú. Por eso se había doblegado. Pero él, a diferencia de ella, no renunciaría a su libertad ni a dejar testimonio de la verdad frente a ambas ortodoxias. Frente a los guardianes de la fe católica, había escrito un libro que reivindicaba a la monja como una mártir de la libertad. Frente a la nueva clerecía de izquierda, seguiría señalando sus crímenes. En su caso, la fe no tendría posibilidad de tender trampas.

* * *

La libertad era incompatible con la ortodoxia católica, pero ¿lo era también con el cristianismo? Iván Karamazov, protagonista de su libro de cabecera, creía que sí. Dostoievski, el autor de *El gran inquisidor*, creía que no: Cristo mismo habría sido encarcelado por la Inquisición por pedir libertad. En 1979, Paz escribe un breve y extraordinario ensayo sobre el personaje más dostoievskiano de México: su amigo José Revueltas.

237

Paz lo había ido a visitar a la cárcel de Lecumberri en mayo de 1971, antes de su liberación: «el domingo pasado vino a verme Octavio Paz» —había escrito Revueltas a su amigo y camarada Eduardo Lizalde, que junto con él había sido expulsado del PC y de otras organizaciones comunistas—. «Como siempre magnífico, limpio, honrado, este gran Octavio [...] Nuestro tema fue, por supuesto, Heberto Padilla.» Paz, que admiraba mucho la obra de Revueltas, habría podido describir a su amigo con las mismas palabras. No fue casual que su tema haya sido la disidencia. Al poco tiempo, ya fuera de la cárcel, habían sondeado la posibilidad de fundar un partido político. El día de la matanza del 10 de junio estaban juntos. Revueltas susurró a su oído: «Vámonos todos a bailar ante el Cristo de Chalma.» Según Paz, esa ocurrencia extraída de la religiosidad popular era una «oblicua confesión»: Revueltas, devotamente ateo, era un marxista cristiano.

Paz lo describe como un cristiano desengañado de su fe original, pero un cristiano al fin; impregnado del catolicismo profundo de sus padres, de su infancia y el del pueblo mexicano, transfiere su fe original al marxismo y vive su pasión revolucionaria como un vía crucis rumbo al calvario. En ese recorrido por las estaciones de su sufrimiento (cárceles, privaciones sin cuento), Revueltas se topó a menudo con los dictados de la ortodoxia. Frente a ellos (sus dogmas, sus preceptos, su disciplina partidaria) no obedece, más bien duda. Pero «hay algo que distingue a las dudas y críticas de

Revueltas: el tono, la pasión religiosa… Las preguntas que una y otra vez se hizo Revueltas no tienen sentido ni pueden desplegarse sino dentro de una perspectiva religiosa. No la de cualquier religión sino precisamente la del cristianismo». Es un cristiano primitivo enfrentado al mal del mundo (el capitalismo, la pobreza, la opresión, la injusticia) y también, en varios momentos, al poder de su Iglesia.

Hay una verdad de la que Revueltas nunca duda: la historia es el lugar de prueba: las almas se ganan y se pierden en este mundo. ¿Cristiana o marxista? Cristiana y marxista. El marxista Revueltas —aduce Paz— asume con todas sus consecuencias la herencia cristiana: «el peso de la historia de los hombres». Pero a diferencia de los cristianos, el marxista cree que la salvación no está allá, sino acá, en la historia. Para comprender esta visión atea de «trascender sin trascendencia», Paz vincula a Revueltas con Ernst Bloch, el filósofo marxista judío (a quien Paz equivocadamente cree cristiano). En ambos, la trascendencia divina desaparece pero, subrepticiamente, «al través de la acción revolucionaria, continúa operando». En ambos está presente, ya no «la humanización de Dios sino la divinización de los hombres».

Revueltas acudió intuitiva y pasionalmente, en un movimiento de regreso a lo más antiguo de su ser, a las respuestas religiosas, mezcladas con las ideas y esperanzas milenaristas del movimiento revolucionario. Su temperamento religioso lo llevó al comunismo, que él vio como el camino del sacrificio y la comunión; ese mismo temperamento, inseparable del amor a la verdad y el bien, lo condujo al final de su vida a la crítica del socialismo burocrático y el clericalismo marxista.

Dentro de la Iglesia católica —concluye Paz—, Revueltas «habría sido un hereje como lo fue dentro de la ortodoxia comunista [...] Su marxismo no había sido un sistema sino una pasión, no una fe sino una duda y, para emplear el vocabulario de Bloch, una esperanza».

El retrato de Revueltas era un oblicuo autorretrato. Sus vidas no podían haber sido más distintas. Aunque sus sufrimientos íntimos y existenciales eran incomparables a los sufrimientos físicos de Revueltas, Paz era también un torturado de la fe, un poseído de lo absoluto. Nacidos ambos en 1914, compartían un mismo temperamento poético y romántico, habían abrazado la misma religión laica, se habían apartado de sus dogmas y siguieron creyendo en la posibilidad de la *esperanza*. A Revueltas lo caracterizó siempre la vertiente amorosa del cristianismo. No veneraba la violencia, tampoco fue un guerrillero ni un monje armado, sino un franciscano del marxismo. Paz, hasta los años setenta, se había declarado deudor directo del marxismo. Revueltas había muerto (como el padre de Paz, «atado al potro del alcohol»). Ahora a Paz le correspondía seguir por el camino de la herejía. Porque, a semejanza de los escritores rusos que tanto amaba, la suya a esas altu-

ras no era una mera disidencia política, sino una hetero-
doxia fincada en la culpa por los silencios y las cegueras,
inadvertidos o no, de los años treinta y de los muchos que
siguieron. Una herejía resultado de una culpa y una contrición, vividas todas en el sentido religioso, específicamente
cristiano, de la palabra.

*   *   *

Paz hablaba poco de Dios. En materia de religión estaba
más cerca de su abuelo jacobino que de su madre, la piadosa doña Josefina. En las tres religiones monoteístas veía
un legado de intolerancia incompatible con su actitud de
pluralidad. Le divertía contar la anécdota de un fervoroso
musulmán que en el Himalaya les dijo, a Marie Jo y a él,
casi a señas: «¡Moisés, *Kaputt*; Jesús, *Kaputt*; sólo Mahoma
vive!» Paz pensaba que también el más reciente profeta
estaba «*Kaputt*» y que la única religión coherente con el
misterio de nacer y morir era el budismo. Octavio —nombre latino al fin— buscaba la sabiduría de Sócrates, no la
de Salomón; releía a Lucrecio, no la Biblia; no admiraba
a Constantino, sino a Juliano el Apóstata, restaurador del
panteón pagano, a quien llegó a dedicarle un poema. Por
su curiosidad universal en el arte, el pensamiento y la ciencia, era un hombre del Renacimiento; por su espíritu libre
y hasta un tanto libertino, era un filósofo del siglo XVIII.
Por su arrojo creativo y su pasión política y poética, fue un
romántico revolucionario de los siglos XIX y XX.

Y sin embargo, escribió su libro mayor sobre una religiosa. Un dominico, el padre Julián, solía invitarlo a hablar sobre temas teológicos con un tercer comensal, otro heterodoxo radical, su amigo Luis Buñuel. Quiso que *Vuelta* rescatara el extraordinario debate sobre san Juan de la Cruz, «Filosofía y misticismo», publicado en *Taller* y en el que habían intervenido, entre otros y además de él mismo, Vasconcelos, el sacerdote y filósofo español José María Gallegos Rocafull y José Gaos. En 1979 Paz escribe sobre la vida de Revueltas como una atea imitación de Cristo. En 1980 murió su madre. Gabriel Zaid encargó un novenario que lo conmueve.

XIX

El marxismo se había vuelto una ideología, en el sentido que Marx daba a la palabra y con las funciones que le atribuía: «Si la ideología marxista cumple entre muchos intelectuales de Occidente y América Latina la doble función religiosa de *expresar* la miseria de nuestro mundo y de *protestar* contra esa miseria, ¿cómo desintoxicarlos?» Marx mismo había enseñado la vía: «mediante un examen de conciencia filosófico». A ese examen de la ideología marxista encarnada sobre todo en los movimientos guerrilleros de Centroamérica, se abocaría, en los años ochenta, la revista *Vuelta*. Pero esa labor no le correspondería ya a Paz, sino a Gabriel Zaid.

Dos ensayos de Zaid en *Vuelta* causaron enorme revuelo dentro y fuera del país: «Colegas enemigos. Una lectura de la tragedia salvadoreña» (julio de 1981), y «Nicaragua: el enigma de las elecciones» (febrero de 1985). Se trataba, en ambos casos, de análisis puntuales sobre los intereses materiales y de poder en los grupos revolucionarios. Zaid leyó esos conflictos como una guerra civil de universitarios y entre universitarios, a costa del pueblo que la padecía. La solución para ambos casos era la democracia: en El Salvador, aislar a los «escuadrones de la muerte» y a los guerrilleros de la muerte, para propiciar elecciones limpias. En Nicaragua, someter al voto popular el mandato sandinista.

Más de 60 revistas y diarios internacionales reprodujeron o comentaron ambos ensayos (*Dissent, Time, Esprit, The New Republic, Jornal da Tarde, 30Giorni*, entre muchos otros). Murray Kempton en *The New York Review of Books* le consagró una reseña muy elogiosa. Pero en México, no menos de 20 impugnadores (congregados entre varias publicaciones, pero particularmente en la revista *Nexos*) condenaron a Zaid: su «inerme», «audaz», «increíble lectura», desdeñando «los cambios en la conciencia de las masas en su trayecto a la revolución», había «abierto un frente de apoyo a la Casa Blanca». Otros cargos: Zaid hacía creer «que Cuba está manipulando la violencia en El Salvador»; Zaid «coincide (punto por punto) con el Departamento de Estado»; Zaid arriba a una solución «chabacana» y «absurda»: la de sacar a los violentos «para que el resto del pueblo pueda ir a elecciones y poner fin a su tragedia».

Paz salió en defensa de Zaid recordando que en casi todas las revoluciones (sin exceptuar la francesa, la mexicana o la rusa) la voluntad de las minorías violentas —a menudo enfrentadas entre sí— había prevalecido sobre la voluntad de las mayorías. En El Salvador ocurría algo similar: «el pueblo, *antes* de la toma del poder, ha mostrado igual repugnancia ante los extremos de derecha que ante los extremistas de izquierda. El pueblo, desde hace varios años, está en medio de dos minorías armadas y feroces». El común denominador de las críticas apelaba a la ideología. Según éstas, Zaid había sido incapaz de ver «la complejidad del tejido y pensar los fenómenos sociales como totalidades». Para Paz todo aquello era «verborrea y suficiencia». La apelación teórica e ideológica al «sentido de la historia» no debía servir para escamotear los hechos: «no es la crítica de Zaid la que excluye a las masas: son las élites, revolucionarias o reaccionarias, las que las excluyen por la fuerza de las armas, mientras dicen obrar en nombre de ellas».

En octubre de 1984, al recibir el Premio de la Asociación de Editores y Libreros Alemanes en Frankfurt, Paz aludió tácitamente a las tesis de Zaid al referirse, en un pasaje del discurso, a Nicaragua. Trazó en breves líneas la historia de la «dictadura hereditaria» de Somoza, que «nació y creció a la sombra de Washington». Explicó el conjunto de factores que habían determinado la caída de ese régimen y la sublevación. «Poco después del triunfo —agregó— se repitió el caso de Cuba: la revolución fue confiscada por una élite de dirigentes revolucionarios»:

Casi todos ellos proceden de una oligarquía nativa y la mayoría ha pasado del catolicismo al marxismo leninismo o ha hecho una curiosa mezcolanza de ambas doctrinas. Desde un principio los dirigentes sandinistas que buscaron inspiración en Cuba han recibido ayuda militar y técnica de la Unión Soviética y sus aliados. Los actos del régimen sandinista muestran su voluntad de instalar en Nicaragua una dictadura burocrático-militar según el modelo de La Habana. Así se ha desnaturalizado el sentido original del movimiento revolucionario.

Paz mencionó la variada composición de los grupos antisandinistas (los indígenas misquitos, por ejemplo) y advirtió que la ayuda técnica y militar de Estados Unidos topaba con la crítica creciente del Senado y la opinión norteamericanos. En cualquier caso, las recientes elecciones en El Salvador (llevadas a cabo bajo la metralla cruzada) le parecían una muestra de la voluntad pacífica y democrática del pueblo, y el ejemplo a seguir.

En México, la reacción al discurso fue de una violencia sin precedente. Frente a la embajada de Estados Unidos en la calle de Paseo de la Reforma (a unos pasos de la casa de Paz), una multitud marchó con efigies de Ronald Reagan y Octavio Paz. Algunos gritaban: «Reagan rapaz, tu amigo es Octavio Paz». En un momento, prendieron fuego a la efigie del poeta. Al día siguiente, el gran caricaturista Abel Quezada publicó un cartón titulado «Las trampas de la fe», en el que aparecía Paz colgado de una soga, devorado por las llamas en un auto de fe, y repitiendo las palabras de su discurso: «La derrota de la democracia significa la perpetuación de la injusticia y de la miseria física y moral, cualquiera que sea el ganador, el coronel o el comisario.» Quezada apuntaba: «Los comunistas quemaron la efigie de Octavio Paz y censuraron violentamente lo que dijo… Si eso hicieron con el mejor escritor de México ahora que están en la oposición, cuando suban al poder no van a dejar hablar a nadie.»

El episodio fue la culminación de una larga y sorda persecución. José de la Colina, uno de los pocos escritores que defendieron a Paz, apuntó que la quema había sido la forma peculiar en que la «Iglesia de izquierda» celebraba el año de Orwell, y destacó el parecido de los hechos con el juicio promovido por Big Brother contra Goldstein, el «enemigo del pueblo» de *1984*. Por su parte, Paz escribió a su editor catalán Pere Gimferrer una carta:

Mi primera reacción fue la risa incrédula: ¿cómo era posible que un discurso más bien moderado hubiera desencadenado tanta violencia? Enseguida, cierta satisfacción melancólica: si me atacan así es porque les duele. Pero, te lo confieso, a mí también me ha dolido. Me sentí (y todavía me siento, sólo que ya no me afecta) víctima de una injusticia y de un equívoco. En primer lugar, como piensan Zaid y otros amigos (también Marie José, que es una mente perspicaz), fue una acción concebida y dirigida por un grupo con el fin de intimidarme e intimidar a todos los que piensan como yo y se atreven a decirlo. Este chantaje político encontró un dócil instrumento en el fanatismo ideológico de muchos intelectuales y contó con la complicidad de algunos politicastros y de no pocos periodistas y escritorzuelos. Por último, el combustible nacional: la envidia, el resentimiento. Es la pasión que gobierna en nuestra época a la clase intelectual, sobre todo en nuestros países. En México es una dolencia crónica y sus efectos han sido terribles. A ella le atribuyo, en gran parte, la esterilidad de nuestros literatos. Es una cólera sorda y callada que a veces asoma en ciertas miradas —una luz furtiva, amarillenta, metálica… En mi caso la pasión ha alcanzado una virulencia pocas veces vista por la unión del resentimiento con el fanatismo ideológico.

* * *

En 1979, Paz había reunido sus polémicos ensayos contra el dogma y la mentira, contra la ortodoxia católica y marxista, en *El ogro filantrópico* (1979). El ensayo que daba nombre a aquél expresaba otra faceta de la dualidad de Paz, esta vez con respecto al sistema político al que había servido de 1945 a 1968. Su crítica era más suave que sus páginas de *Posdata*. El recuento crítico era similar, pero agregaba que la corrupción era atribuible al patrimonialismo (la fructífera teoría sobre la permanencia de la cultura política neotomista de la monarquía española en América Latina, debida al historiador Richard M. Morse). Y recordaba desde luego crímenes imperdonables como el de 1968. Pero llegaba a una conclusión relativamente benigna: ante la incapacidad política de la izquierda para integrar un partido moderno dotado de un proyecto realista y responsable, y ante la crisis del PAN (partido de derecha que consideraba en vías de desintegración), el PRI había tenido el mérito de discurrir una reforma política que paulatinamente daría forma a la democracia mexicana. Si Paz era displicente con la derecha y combatiente con la izquierda, su actitud frente al sistema era casi optimista. Confiaba en el tránsito de México a la democracia y a la libertad, cuya unión «ha sido el gran logro de las sociedades modernas en Occidente, desde hace dos siglos». Paz pensaba, entonces, que el sistema mismo estaba disolviendo su propia dualidad: dejaría de ser ogro, sin abandonar la filantropía, en un marco de libertad.

El libro se había publicado en medio de la mayor euforia petrolera del siglo en México. El triunfalismo «faraónico» del presidente López Portillo (1976-1982) tenía pocos críticos. Uno de ellos fue el ingeniero Heberto Castillo, amigo de Lázaro Cárdenas y maestro de su hijo Cuauhtémoc. Otro fue Zaid, también ingeniero. En la febril explotación de los nuevos yacimientos y la contratación no menos indiscriminada del crédito externo por parte del enorme sector público (adueñado, para entonces, de buena parte de la economía), Zaid advirtió –en sus textos de *Vuelta*– el anuncio de la quiebra generalizada. Un frágil ladrillo soportaba el edificio: el precio del barril del petróleo. Si éste se caía, todo se caía. Y todo se cayó en septiembre de 1982.

La quiebra financiera precipitó la crisis política del sistema. El presidente López Portillo, que había anunciado al país la «administración de la abundancia», lloró en su discurso de despedida ante el Congreso y nacionalizó la banca. La opinión de izquierda aplaudió la medida como un acto valeroso y revolucionario. A contracorriente, *Vuelta* la criticó como un gesto de populismo distractivo, y apuntó que la única alternativa razonable para el país era la democracia plena. En enero de 1984, mi ensayo «Por una democracia sin adjetivos», publicado en *Vuelta*, propuso la transición inmediata a la democracia. Ya no cabía colgar a la democracia los adjetivos usuales del marxismo: «formal», «burguesa». Había que transitar a ella de inmediato y en su sentido estricto, electoral.

Un sector de la izquierda intelectual política y hasta una corriente del PRI se mostró sensible a la idea. Adolfo Gilly, miembro distinguido de la primera, la llamó «Una modesta utopía». Heberto Castillo, honrado líder del Partido Mexicano de los Trabajadores, se adhirió públicamente. Por esos días, Porfirio Muñoz Ledo y otros militantes del PRI comenzaron a formar una Corriente Democrática que sería el embrión de la coalición que en 1988 postularía a Cuauhtémoc Cárdenas para presidente y que, a partir de 1989, unificaría por fin a la izquierda mexicana en un partido único: el PRD.

Paz entró en una zona de perplejidad: no, el sistema no había sido capaz de resolver, de disolver, la dualidad. ¿Cuál era el camino?

* * *

Paz fue siempre sensible a las fechas. En su vida eran –como el título de uno de sus libros– «signos de rotación». En 1984 cumplió setenta años. Tras publicar *Tiempo nublado* (libro sobre la escena internacional, en el que equivocadamente previó el fortalecimiento del poderío militar soviético, pero predijo la insurgencia islámica) acometió, además de la preparación usual de varios libros, al menos dos tareas importantes: la edición sudamericana de *Vuelta* basada en Buenos Aires (aventura que duró algunos años) y la organización del encuentro «Más allá de las fechas, más acá de los nombres» por la televisión abierta. Paz convocó a varios colaboradores nacionales y extranjeros de *Vuelta* para hablar de los temas literarios, históricos, filosóficos y políticos que lo habían apasionado siempre. En una de las mesas, dedicada a examinar su visión de la historia mexicana, evocó el movimiento estudiantil de 1968, con cuyo espíritu libertario se había identificado:

Lo esencial –y por esto escuchó a los estudiantes el pueblo mexicano– era que hablaban de democracia. Dándose o no cuenta de ello, retomaban la vieja bandera liberal de Madero. ¿Por qué? Porque se trata de una revolución que en México no se ha hecho. Hemos tenido la revolución de la modernización, la revolución zapatista, muchas revoluciones, pero hay una revolución inédita.

Esa «revolución inédita» a la que se refirió Paz era la democracia. No era frecuente escuchar en labios de Paz un elogio de Francisco I. Madero, el «Apóstol de la Democracia». ¿Se había vuelto liberal?

Paz se consideraba liberal por su genealogía, por su distancia de la Iglesia, por su conocimiento de la Revolución francesa y la lectura de los *Episodios nacionales* de Benito Pérez Galdós, con cuyo personaje central, Salvador Monsalud, se identificaba. Pero en él, la palabra liberal —española, en su origen como sustantivo— aludía a un temple, una actitud, un adjetivo. Su liberalismo era literario más que histórico, jurídico y político. En su visión del liberalismo, como del catolicismo, había una dualidad o, mejor dicho, la misma dualidad planteada desde el extremo opuesto. Había llegado la hora de confrontarla.

El laberinto de la soledad no había negado «grandeza» a los liberales del siglo XIX pero consideraba que su movimiento había precipitado una *caída* histórica. Con la Independencia y, sobre todo después, con la Reforma, México —según Paz— había perdido su filiación. Pero páginas atrás sostenía que, durante la Colonia, «los mejores» habían terminado por buscar la salud en la intemperie, desprendiéndose del cuerpo de la Iglesia para respirar un «aire fresco intelectual». ¿Caída o liberación? ¿Qué otra cosa había hecho el liberalismo del siglo XIX al desprenderse de la Iglesia? ¿No habían sido los liberales, precisamente, los que en su programa reivindicaban la aspiración de libertad que Paz descubría en Sor

Juana? Y si el liberalismo político original —el de su abuelo— se había opuesto al caudillismo, ¿por qué no lo había reconocido en su libro? Tanto su abuelo como su padre habían aplaudido la lucha democrática de Madero, el hombre que en 1910 había ondeado la misma bandera democrática y liberal que Ireneo Paz en 1871: «Sufragio efectivo, no reelección.» ¿Por qué Paz lo había tenido a menos, como el propio José Vasconcelos se lo había reclamado en la elogiosa reseña a *El laberinto de la soledad* en 1950?

Paz señaló siempre la falta de crítica en el siglo XVIII mexicano: pero esa crítica había existido ya, prematura y frustrada, en los jesuitas ilustrados de fines del siglo XVIII, y había existido también, mucho más sólida, en las leyes, instituciones y escritos de los liberales del siglo XIX. A esa «Reforma vacía» y a su heredero solitario, Francisco I. Madero, México debía el orden democrático constitucional que apenas vislumbraba en 1984. En esto Paz no había incurrido en una dualidad sino en una contradicción. Pero igual que en el caso de Sor Juana, al confrontar la realidad de los órdenes políticos cerrados y opresivos del siglo XX, Paz revaloraba la tradición liberal desdeñada en su libro clásico. Frente a las cámaras de televisión, declaró: «la salvación de México está en la posibilidad de realizar la revolución de Juárez y Madero». Cosío Villegas, el «liberal de museo», sonreía en el más allá.

Pero la democracia liberal no podía saciar a Paz. Era demasiado insípida y formal. No había en ella un contenido de trascendencia. Por eso en aquel programa Paz retomó su visión histórico-poética de la Revolución mexicana como una vuelta al origen y una revelación del rostro escondido de un pueblo. Y volvió a sostener la vigencia de la Revolución que le había arrebatado a su padre:

> Creo que en México sigue viva la herencia zapatista, sobre todo moralmente. En tres aspectos. En primer lugar fue una revuelta antiautoritaria: Zapata tenía verdadera aversión por la silla presidencial. Y esto es fundamental. Hay que rescatar la tradición libertaria del zapatismo. En segundo lugar, fue una revuelta anticentralista. Frente a la capital, frente a dos milenios de centralismo (es decir, desde Teotihuacán), el zapatismo afirma la originalidad no sólo de los estados y las regiones, sino incluso de cada localidad. Este anticentralismo es también muy rescatable. Y, por último, el zapatismo es una revuelta tradicionalista. No afirma la modernidad, no afirma el futuro. Afirma que hay valores profundos, antiguos, permanentes.

Había que reivindicar a los liberales Juárez y Madero. Pero había que «corregir el liberalismo con el zapatismo». Ésa era la fórmula de salvación.

«Los mexicanos debemos reconciliarnos con nuestro pasado», repetía Paz. Ya en *El laberinto de la soledad* se había reconciliado con su padre y con su revuelta zapatista, viendo en ella una «comunión de México consigo mismo», con sus raíces indígenas y españolas. Pero en las últimas décadas otro personaje se acercó a la mesa, el abuelo Ireneo. Frente al Estado mexicano corrupto, paternalista, ineficaz y autoritario, era preciso recobrar los valores democráticos y liberales. Al abrazarlos, Paz empezaba a cerrar la vuelta de la vida. Ahora sí, los tres Paz —el abuelo Ireneo, Octavio el padre y Octavio el hijo— podían sentarse a la mesa. El mantel olía a pólvora, y a libertad.

* * *

En 1985, Paz publicó un artículo en *Vuelta* titulado «El PRI: hora cumplida». Era su última llamada al sistema para abrirse a la libre competencia en las urnas. Paz no preveía y menos aún deseaba la salida del PRI del poder. Pero concebía una transición pausada en la que el PRI cediera espacios a la oposición en el Parlamento y los estados. No hablaba de alternancia de poder en el Ejecutivo y menos aún veía próximo el fin del PRI (que Zaid predecía en un texto paralelo). Simplemente consignaba que el país reclamaba, en efecto, una «democracia sin adjetivos».

En esos meses, el PAN, que desde su fundación en 1939 había ejercido la oposición de centro derecha, se fortalecía en los estados del norte del país. Paz no le había concedido la menor vocación democrática. Lo consideraba un partido retrógrado, católico, nacionalista, heredero del conservadurismo del siglo XIX, en particular del pensador Lucas Alamán. Lo cierto es que, en términos de moral social, el PAN tuvo siempre una actitud conservadora, afín a la jerarquía católica, y en los cuarenta algunos de sus miembros habían mostrado simpatías por el Eje. Pero su desempeño político (en sus propuestas legislativas, su régimen interno) había sido democrático, y su ideología económica, más que proteccionista y estatista (como la propuesta por Alamán), había sido liberal. Paz permaneció siempre lejos del PAN, y lo criticó con frecuencia pero, a raíz de un ruidoso fraude perpetrado en 1986 por el PRI contra el PAN en el estado de Chihuahua, accedió a dar su firma para un documento que signaron los principales intelectuales de México (incluidos varios de sus antiguos críticos) pidiendo la anulación de la elección. Ese acto fue un catalizador de la transición democrática en México. A partir de él, ya no sólo el PAN sino los partidos de izquierda entendieron que la vía democrática era preferible a la revolucionaria.

XX

En junio de 1987, Paz acudió a Valencia para conmemorar, junto con un grupo numeroso de escritores y unos cuantos sobrevivientes, aquel Segundo Congreso Internacional de Escritores celebrado medio siglo atrás. El día 15 pronunció el discurso inaugural. Fue un texto particularmente intenso, por la significación que el lugar y la fecha tenían en su vida, y en la vida del siglo XX. Lo tituló «Lugar de prueba»: «la historia no es sólo el dominio de la contingencia y el accidente: es el lugar de prueba». ¿Palabras de cristiano y de marxista? No habló de las trampas de la fe, sino de las trampas de la fe en la historia. Su generación había sacralizado la historia, pero la historia, profana y azarosa, se había negado a revelar su sentido. «La historia es el error», había escrito en «Nocturno de San Ildefonso». En Valencia dijo: «estamos condenados a equivocarnos». Como el juez más severo hizo el recuento de sus equivocaciones. Admitió el grave quebranto de la idea revolucionaria, los golpes mortales que había recibido no tanto de sus adversarios sino de los revolucionarios mismos: «allí donde han conquistado el poder han amordazado a los pueblos». Pero muy pronto, el tema y el tono pasaron a un plano religioso:

Quisimos ser los hermanos de las víctimas y nos descubrimos cómplices de los verdugos, nuestras victorias se volvieron derrotas y nuestra gran derrota es quizá la semilla de una gran victoria que no verán nuestros ojos. Nuestra condenación es la marca de la modernidad. Y más: es el estigma del intelectual moderno. Estigma en el doble sentido de la palabra: la marca de santidad y la marca de infamia.

Condena, estigma, santidad e infamia. La confesión —que eso era el discurso— recordaba la grandeza moral de aquel Congreso: el amor, la lealtad, el valor, el sacrificio que lo rodeaba. Pero recordaba también su flaqueza: «la perversión del espíritu revolucionario». Y al hablar sobre el ataque a Gide (el supuesto «enemigo del pueblo español»), en el sitio mismo de aquella infamia, Paz sintió la necesidad de expiar su culpa. Lo hizo en términos cuya precisión no dejaba lugar a la duda: «Aunque muchos estábamos convencidos de la injusticia de aquellos ataques y admirábamos a Gide, callamos. Justificamos nuestro silencio con [...] especiosos argumentos [...] Así contribuimos a la petrificación de la revolución.»

Quedaba un valor, la crítica. «La crítica que restablece la circulación entre los dos órdenes pues examina nuestros actos y los limpia de su fatal propensión a convertirse en absolutos [...e] inserta a los otros en nuestra perspectiva.» A los *otros* que conoció en la guerra de España dedicó Paz los últimos párrafos de su discurso. Los *otros* eran los rostros del pueblo español, los soldados, los trabajadores, los campesinos, los periodistas que había conocido:

> Con ellos aprendí que la palabra fraternidad no es menos preciosa que la palabra libertad: es el pan de los hombres, el pan compartido.

La frase aludía a un episodio concreto: el campesino que, bajo un bombardeo, «cortó un melón de su huerta y, con un pedazo de pan y un jarro de vino, lo compartió con nosotros». Pero la aparición de la metáfora cristiana no es casual. En España en 1937, Paz había encontrado, en la fraternidad de los hombres, en el pueblo, el pan y el vino de la Comunión. Así, de nueva cuenta, en los momentos límites, el tema cristiano, soterrado casi siempre, salía a la superficie poética. Como «Piedra del sol», donde la idea cristiana nace de pronto, en referencia a la vida misma, a su misterio: «Hambre de ser, oh muerte, pan de todos.»

* * *

En términos más terrenales, el «lugar de prueba» para su convicción democrática ocurrió en México en las elecciones de 1988. El resultado de los comicios sorprendió a todos. El candidato de una súbita coalición de izquierda, Cuauhtémoc Cárdenas, obtuvo una votación tan copiosa que el gobierno (juez y parte del sistema electoral, por aquel entonces) adujo una extraña «caída del sistema» de cómputo, presumiblemente para retrasar la emisión de resultados. Un sector amplio de la opinión pública sospechó que se tramaba un fraude, y creyó confirmar sus temores cuando los resultados oficiales favorecieron, con un inverosímil 50% del total, al candidato del PRI, Carlos Salinas de Gortari. Aunque admitía haber perdido, el candidato del PAN (Manuel J. Clouthier) se declaró en huelga de hambre, mientras que Cárdenas se vio —por algunos meses— en la disyuntiva de convocar a una insurrección contra lo que consideraba una usurpación o consentir lo ocurrido para dar pie a la fundación de un partido de izquierda. Tras varios meses de tensión, optó por la segunda vía: por primera vez en la historia política de México la izquierda tendría una representación sustancial en el Congreso y un partido sólido, unificado y moderno: el PRD.

A Octavio Paz no lo convencieron los argumentos sobre el fraude. Creía que todo aquel que examinara el asunto con imparcialidad y sin pasión llegaría a sus mismas conclusiones. «Sin duda hubo irregularidades, además torpezas y errores.» Pero había que tomar en cuenta que eran las primeras elecciones «de esta índole» —es decir, realmente competitivas— que se realizaban en México. Cabía revisar parcialmente el proceso, pero de ninguna manera acceder a la anulación de los comicios, como pedía la oposición de izquierda. Paz veía en esa indignación un maximalismo peligroso, la mentalidad del *todo o nada*. El país necesitaba una *transición*, no un cambio brusco. Aceptados los resultados, vuelta la normalidad, el país debía dotarse de un nuevo código electoral, el PRI debía aceptar perder la mayoría en alguna cámara (temas de «cocina política»), el PAN debía recoger la tradición conservadora y la izquierda, llamada *neocardenista*, debía enfrentarse al reto formidable de formar un verdadero partido y concebir un programa moderno.

Gabriel Zaid creyó que había existido un fraude, así lo publicó. No obstante, argumentó la necesidad de seguir adelante y dar paso a la presidencia de Salinas de Gortari, porque el riesgo de violencia era real. Mejor trabajar por una transición democrática que ya no era reversible que abrir paso a la violencia. Paz compartía la conclusión pero no la premisa: los alegatos eran injustificados y la agitación era «no sólo nociva sino suicida».

Y no sólo objetaba la reacción del movimiento de izquierda, también su supuesta falta de ideas y programa, y su heterogénea constitución:

El neocardenismo no es un movimiento moderno aunque sea muchas otras cosas, unas valiosas, otras deleznables y nocivas: descontento popular, aspiración a la democracia, desatada ambición de varios líderes, demagogia y populismo; adoración al padre terrible: el Estado, y, en fin, nostalgia de una tradición histórica respetable pero que treinta años de incienso del PRI y de los gobiernos han embalsamado en una leyenda piadosa: Lázaro Cárdenas.

La izquierda sí tenía un programa. Era similar al que Paz, en su carta a Gilly de 1972, consideraba «indispensable»: la vuelta al cardenismo. Y la izquierda sí había avanzado en el sentido que Paz había reclamado desde los setenta: había renunciado a las armas, había integrado una corriente popular e independiente, y marchaba hacia la constitución de un partido. ¿Qué podía reclamarle? No la falta de programa sino el sentido del programa. A final de los años ochenta, Paz consideraba que el cardenismo representaba una vuelta al pasado y que esa vuelta no sólo detendría el desarrollo económico sino incluso el avance democrático. A sus ojos, su triunfo habría significado una restauración de la más antigua versión del «ogro filantrópico», avalada por urnas. A todas luces prefería el proyecto que Carlos Salinas de Gortari (antiguo alumno suyo en Harvard, y alguna vez colaborador de *Plural*) proponía para abrir y modernizar la economía.

Un sector de la opinión pública pensó que su argumentación era contraria a su defensa de la democracia. Paz no admitió la impugnación porque no creyó en el fraude. Y quizá también porque se había convencido, como don Ireneo en 1880, que el nuevo proyecto modernizador traería progreso a un país necesitado de un cambio.

* * *

En 1989, en el bicentenario de la Revolución francesa, el gobierno de Francia le concedió el Premio Tocqueville.

En su discurso, Paz dio por cerrado el ciclo mítico de la Revolución:

> Asistimos a una serie de cambios, portentos de una nueva era que, quizás, amanece. Primero el ocaso del mito revolucionario en el lugar mismo de su nacimiento, la Europa occidental, hoy recuperada de la guerra, próspera y afianzado en cada uno de los países de la Comunidad el régimen liberal democrático. Enseguida, el regreso a la democracia en la América Latina, aunque todavía titubeante entre los fantasmas de la demagogia populista y el militarismo —sus dos morbos endémicos—, al cuello la argolla de hierro de la deuda. En fin, los cambios en la Unión Soviética, en China y en otros regímenes totalitarios. Cualquiera que sea el alcance de esas reformas, es claro que significan el fin del mito del socialismo autoritario. Estos cambios son una autocrítica y equivalen a una confesión. Por esto he hablado del fin de una era: presenciamos el crepúsculo de la idea de Revolución en su última y desventurada encarnación, la versión bolchevique.

Tras la caída del Muro de Berlín en 1989, otro milagro histórico, menos ruidoso, tuvo su aparición en América Latina: la adopción generalizada de la democracia. Con la nueva era, Paz sintió que la historia había confirmado su lucha de las últimas décadas y sus convicciones. No pocos antiguos adversarios se habían bajado del barco del «socialismo real», sin dar muchas explicaciones. Él las había dado con creces ante el tribunal de la historia y de su conciencia. Algunas de las publicaciones que con mayor virulencia lo habían atacado rindieron a *Vuelta* el homenaje tácito de asumir sus posturas. Lo hicieron subrepticia y mezquinamente, sin reconocerlo, casi en silencio.

En 1990 *Vuelta* convocó en México a un encuentro llamado «La experiencia de la libertad» en donde se analizaron sin triunfalismo las luces y sombras de ese parteaguas histórico. El elenco fue tan notable como variado: Czesław Miłosz, Norman Manea, Leszek Kołakowski, Adam Michnik, Bronisław Geremek, Agnes Heller, Jean-François Revel, Jorge Semprún, Ivan Klíma, Michael Ignatieff, Cornelius Castoriadis, Hugh Trevor-Roper, Hugh Thomas, Daniel Bell, Irving Howe, Leon Wieseltier, Mario Vargas Llosa, Jorge Edwards, Carlos Franqui, János Kornai, entre otros. *Vuelta* se empeñó en invitar a los más representativos escritores de izquierda. Acudió una decena de autores, desde el viejo marxista Adolfo Sánchez Vázquez hasta Carlos Monsiváis. Las sesiones de discusión, transmitidas por televisión abierta y financiadas por un conjunto de empresas privadas, versaron sobre el futuro de la sociedad abierta; las tensiones religiosas y nacionales; el papel de los intelectuales y escritores; el mapa del mundo en el siglo XXI y el papel de la economía de mercado. Se editaron libros que recogieron exhaustivamente las discusiones.

El encuentro despertó interés en el público, pero un sector irreductible de la izquierda acusó a los participantes de «fascistas». El cargo los indignó. Algunos de ellos habían pasado por campos de concentración nazis. Durante sus participaciones en el encuentro, Paz volvió a insistir en su crítica al «socialismo real» y refirió con detalle la complicidad de los intelectuales mexicanos a lo largo de seis décadas, pero fue igualmente enfático en su crítica a los monopolios privados, al «ciego mecanismo del mercado», a «la dominación del dinero y el comercio en el mundo del arte y la literatura». Y en un momento de particular tensión, cuando Mario Vargas Llosa caracterizó al sistema político mexicano como «la dictadura perfecta», Paz salió en su defensa: «hemos padecido la dominación hegemónica de un partido; ésta es una distinción fundamental y esencial». Hablaba, una vez más, el hijo de la Revolución mexicana.

Ese mismo año obtuvo el Premio Nobel. Para entonces, en el orbe de habla hispana ocupaba un lugar que sólo había tenido en el siglo José Ortega y Gasset, y en varios países europeos, notablemente Francia, era reconocido como uno de los grandes «maestros del pensamiento» del siglo. Había salido del laberinto de la soledad, había disuelto un tanto la excentricidad mexicana en Occidente.

*   *   *

En una cena de amigos, Paz hablaba de la Revolución, el tema del siglo XX. Sin la menor intención de ofenderlo, como una reconvención cordial, su viejo amigo José Luis

Martínez se atrevió a decir, en voz baja: «Octavio, tú en realidad nunca fuiste revolucionario.» Paz se levantó y reclamó en voz alta, casi con ira: «¿Qué dices? ¿Qué yo no fui revolucionario?» Martínez, con certeza, se refería a la acción revolucionaria, tanto la acción violenta de los guerrilleros como la acción militante, tal y como la había practicado Revueltas. Paz, por su parte, había practicado la Revolución a través de la poesía y del pensamiento, pero no por eso se había sentido menos revolucionario. Además, había pagado su cuota de dolor y culpa por haberlo sido.

La anécdota es significativa, no sólo por el pasado de Paz sino como revelación de una llama revolucionaria viva. El 1° de enero de 1994, Paz —y México entero— despertó con la noticia increíble de una insurrección indígena en el sureste de México. El grupo tenía como líder al «Subcomandante Marcos», y se autodenominaba zapatista.

Para Paz, esta vuelta de la historia lo llevó al extremo de la perplejidad. Aunque reaccionó de manera adversa a la «recaída de los intelectuales» que de inmediato mostraron su entusiasmo por el movimiento y criticó por principio el recurso de la fuerza, conforme pasó el tiempo sus artículos fueron revelando una sutil simpatía por lo que ocurría en Chiapas. ¿No había escrito continuos elogios a la revuelta? ¿No había reclamado una vuelta al México indígena? ¿No había criticado a lo largo de su vida los valores del mercado? ¿Y cómo condenar a un movimiento que ostentaba la efigie de Zapata? ¿Y cómo no sorprenderse ante las entregas literarias de Marcos? «La invención del escarabajo Durito, caballero andante, es memorable; en cambio sus tiradas me conquistan a medias.» Conquistar a Paz, aunque fuese «a medias», era toda una conquista. «¿Por qué ha escrito usted más sobre Marcos que sobre ninguno de nosotros?», le reclamó alguna vez Christopher Domínguez, uno de los jóvenes críticos literarios de *Vuelta*. «Porque ustedes no se han levantado en armas», respondió.

Eran ecos lejanos de su juventud. Y sin embargo, no tenía dudas: «El liberalismo democrático —escribió— es un modo civilizado de convivencia. Para mí es el mejor entre todos los que ha concebido la filosofía política.» Entonces formuló la síntesis sencilla y final de su larga pasión por la historia y la política:

> Debemos repensar nuestra tradición, renovarla y buscar la reconciliación de las dos grandes tradiciones políticas de la modernidad, el liberalismo y el socialismo. Me atrevo a decir que éste es «el tema de nuestro tiempo».

* * *

En los últimos años, la historia y el azar le hicieron jugadas extrañas que lo dejaron perplejo: se esperanzó demasiado en el régimen modernizador de Salinas, se impacientó demasiado con la revuelta tradicional de Chiapas. Como a su abuelo, le preocupaba la anarquía que parece cernirse sobre México. El rostro de don Ireneo se dibujaba cada vez más en el suyo. Hubiera querido una muerte serena, como la suya, una muerte rápida sin tiempo para alcanzar «la cama ni los óleos», pero esa gracia final no le fue concedida. Había nacido en el incendio histórico de 1914, su padre «iba y venía entre las llamas», y su propio final comenzaría también bajo el signo del fuego que devoró parte de su departamento y su biblioteca en diciembre de 1996. Luego se le descubrió un cáncer en la columna (metástasis del cáncer operado en 1977) que lo ató más de un año al potro del dolor. No creía ya en las capacidades autorregenerativas del sistema. «Fui un iluso», me murmuró, y enseguida, con angustia preguntaba: «¿Qué ocurrirá en Chiapas?» «¿Qué pasará con México?» Murió el 19 de abril de 1998. Dos años después, México transitaría definitivamente a la democracia.

En una ceremonia pública de despedida, volvió por última vez a la imagen del patriarca protector, poderoso y sabio. Repitió su metáfora predilecta sobre México como un «país solar», pero recordó de inmediato la oscuridad de nuestra historia, esa dualidad «luminosa y cruel» que estaba ya en la cosmogonía de los dioses mexicas y que lo había obsesionado desde la niñez. Ojalá y hubiese un Sócrates que apartara a sus conciudadanos del demonio de su cara oscura, de la reyerta entre hombres de la misma raza, de las pasiones destructoras y les mostrara el camino recto. Un Sócrates que protegiera a los hombres y mujeres de «nuestro

México» convenciéndolos de no perder la vida por nada, de ganar la vida con sus compatriotas, sus amigos, sus vecinos. Cosa rara en él, estaba predicando: «como mi abuelo, tan amante de las prédicas de sobremesa». Y de pronto, volteó al cielo nublado como queriendo tocarlo con la mano: «allí hay nubes y sol, nubes y sol son palabras hermanas, seamos dignos del sol del Valle de México». (Por un instante el sol, en efecto, disipó las nubes.) «Valle de México, esa palabra iluminó mi infancia, mi madurez, mi vejez.»

En las semanas siguientes, el padre y el abuelo se desvanecieron de su memoria. El «mantel ya olía a pólvora» y la mesa se quedó sólo con el recuerdo de la madre y la presencia de su mujer. Un día, de pronto, escuché que le susurraba: «Tú eres mi Valle de México.»

Fuentes

Octavio Paz se abstuvo de escribir una autobiografía formal:
lo disuadió, según me dijo alguna vez, su difícil vida amorosa
antes de conocer a Marie Jo, su segunda mujer. No obstante,
refirió a su vida familiar y, con mayor detalle, a su vida literaria, diplomática, artística y política en *Itinerario*, Fondo de
Cultura Económica, 1993; también en varias entrevistas reunidas en *Pasión crítica*, Seix Barral, 1985, y de manera cifrada
en varios poemas, notablemente en «Nocturno de San Ildefonso» (1976) y sobre todo en «Pasado en claro» (1975). Tampoco existe una biografía completa de Octavio Paz, pero sí
varios acercamientos meritorios. El más completo y, para mí,
sin duda el más útil (sobre todo para la etapa 1929-1943) es el
libro de Guillermo Sheridan: *Poeta con paisaje. Ensayos sobre la
vida de Octavio Paz*, México, Era, 2004. Otras fuentes de interés
son el prólogo de Enrico Mario Santí a *Primeras letras*, México,
Vuelta, 1988 (libro —publicado también en Barcelona por Seix
Barral ese mismo año— que reúne buena parte de los ensayos
críticos y artículos periodísticos de Paz anteriores a 1944) y su
estudio introductorio a *El laberinto de la soledad*, Madrid, Cátedra, 1993. Las antologías poéticas que utilicé de Paz son *Liber-*

tad bajo palabra —en dos ediciones: México, Tezontle, 1949 y México, Fondo de Cultura Económica, 1960— y *Obra poética (1935-1988)*, Barcelona, Seix Barral, 1990. Para los principales poemas de Octavio Paz posteriores a 1957 consulté también la excelente versión bilingüe de *The Collected Poems of Octavio Paz (1957-1987)*, editada por Eliot Weinberger, Nueva York, New Directions, 1991, 688 pp.

La principal antología de ensayos que utilicé fue Octavio Paz, *México en la obra de Octavio Paz*, Fondo de Cultura Económica, 1987. Se trata de una compilación en tres tomos: *El peregrino en su patria*, *Generaciones y semblanzas* y *Los privilegios de la vista*. Me fue utilísima, por supuesto, la excelente *Bibliografía crítica de Octavio Paz (1931-1996)*, compilada por Hugo Verani (El Colegio Nacional, 1997), así como las *Obras completas* reunidas por el propio Octavio Paz, publicadas por el Fondo de Cultura Económica en 15 tomos. Con todo, por lo general, preferí utilizar las ediciones anteriores de sus libros que tenía leídas y anotadas. A lo largo de mi ensayo, recojo recuerdos y anécdotas sobre su vida que el propio Paz me narró a lo largo de los 23 años de nuestra relación de trabajo y amistad. Salvo una entrevista formal, fueron comentarios incidentales de los que no conservo grabación.

El poema introductorio «Canción mexicana» pertenece a «Intermitencias del Oeste» y está en *Ladera este (1962-1968)*, Joaquín Mortiz, 1969. No existe tampoco una biografía de su abuelo Ireneo Paz. Existen datos aislados de interés en Napoleón Rodríguez, *Ireneo Paz, liberal jalisciense* (del cual existe una versión ampliada publicada bajo el título de *Ireneo Paz, letra y espada liberal*, Fontamara, 2002) y sobre todo en *Hoguera que fue*, compilación de Felipe Gálvez, UAM, 2004. Pero don Ireneo sí escribió sus memorias, al menos para la larga etapa rebelde de su vida. Por iniciativa de su nieto, el libro se publicó con un revelador prólogo suyo con el título original de *Algunas campañas*, El Colegio Nacional/Fondo de Cultura Económica, 1997. Los datos que obtuve de don Ireneo provienen también de diversas fuentes periodísticas, como el facsímil de la revista *El Padre Cobos* y el periódico *La Patria*, sobre todo entre 1904 y 1911. El propio Octavio Paz recordó la vida con su abuelo en *Itinerario*, así como en sus poemas autobiográficos y en su texto «Estrofas para un jardín imaginado (Ejercicio de memorias)» en *Vuelta*, agosto de 1989.

Tampoco existe una biografía formal del padre del poeta, Octavio Paz Solórzano, aunque la recopilación de Felipe Gálvez es muy útil no sólo por las noticias de su vida, sino por la colección de textos de Paz Solórzano sobre la revolución zapatista. El padre de Paz publicó varios artículos no reunidos y algunos libros. Entre ellos destaca una biografía de Zapata que el hijo hizo publicar en 1986: Octavio Paz Solórzano, *Zapata. Tres revolucionarios, tres testimonios*, tomo II (México, EOSA, prólogo de Octavio Paz [Lozano]). Entre los artículos de Paz Solórzano que aproveché por su contenido ideológico y autobiográfico están: «Los motivos fundamentales de la revolución» en *Crisol*, 7 de enero de 1929; «Emiliano Zapata. 10 de abril de 1919» en *La Prensa*, 10 de abril de 1932; «Quién era Zapata» en *El Heraldo de México*, 1922; «Quién era Zapata, por qué se lanzó a la Revolución» en *Magazine para Todos, El Universal*, 23 de junio de 1929. Las cartas cruzadas entre Octavio Paz y el cuartel de Emiliano Zapata provienen del Archivo Condumex. Las noticias sobre la muerte de Paz Solórzano el 8 de marzo de 1936 provienen de *El Universal*, «El Licenciado Paz muerto bajo las ruedas de un tren» en *El Universal*, 13 de marzo de 1936. Del periódico *La Patria*, entre mayo de 1911 y junio 1914, extraje varios hechos significativos de la rebelde vida de Paz Solórzano. Las alusiones al padre son escasas en *Itinerario* y muy dramáticas y reveladoras en la poesía. Al aludir a ellas, en el cuerpo del texto indico el título del poema. Para la etapa infantil y primera juventud de Paz me fueron útiles los recuerdos familiares recogidos por Gálvez y mis propias conversaciones con descendientes de parientes, como Mercedes Pesqueira.

Para la etapa del estudiante hasta el momento en que abandona la Escuela de Leyes y vive en Yucatán, consulté las revistas editadas por Paz: *Barandal*, reimpresión Fondo de Cultura Económica, 1983, y *Cuadernos del Valle de México*, reimpresión Fondo de Cultura Económica, 1983. Sus artículos principales están en *Primeras letras*. Me fueron muy útiles los testimonios de amigos y maestros como Pedro de Alba, «Octavio Paz y otros en el mundo de Pedro de Alba» en *México en la Cultura, Novedades*, 6 de octubre 1963; Efraín Huerta, *Aquellas conferencias, aquellas charlas*, México, UNAM, Textos de Humanidades, 1983; José Alvarado, «Bajo el signo de Octavio Paz» en *Excélsior*, 22 de junio de 1966; Manuel Lerin, «El grupo de *Barandal* y *Cuadernos del Valle de México*» en *El Nacional*, 5 de junio de 1966. El propio Paz escribió con amplitud sobre esa etapa en *Itinerario*; también en *Xavier Villaurrutia en persona y en obra*, Fondo de Cultura Económica, 1977, así como en los textos tardíos sobre sus colegas, camaradas y amigos de la época como «Saludo a Rafael Alberti» en *Vuelta*, núm. 166, septiembre 1990; «Rafael Alberti, visto y entrevisto» en *Vuelta*, núm. 92, julio de 1984; «Efraín Huerta (1914-1982)» en *Vuelta*, núm. 64, marzo de 1982.

Para la relación amorosa de Octavio Paz con su primera esposa, las fuentes principales son, desde luego, las inéditas cartas de amor a Elena Garro, del 22 de junio de 1935 al 10 de agosto de 1935. También es útil –por los textos de Garro que transcribe– el libro de Patricia Rosas Lopátegui, *Testimonios sobre Elena Garro*, Monterrey, Ediciones Castillo, 1998. Para la visita desairada de Breton a México: Fabienne Bradu, *Breton en México*, México, Editorial Vuelta, 1996. El poema de Huerta está en *Poesía completa*, Fondo de Cultura Económica, 1988. Las referencias biográficas sobre Revueltas provienen sobre todo de Álvaro Ruiz Abreu, *José Revueltas. Los muros de la utopía*, México, Cal y Arena, 1993. Algunos datos sobre Paz en Yucatán provienen de mis conversaciones con Octavio Novaro Peñalosa, hijo de su amigo en esos días. Las referencias a Cuesta (su influencia, sus ideas) provienen de la obra citada de Guillermo Sheridan, *Poeta con paisaje. Ensayos sobre la vida de Octavio Paz*. Sobre los «Contemporáneos» consulté una vasta bibliografía (Panabière, Sheridan) y de José Luis Martínez «El momento literario de los contemporáneos» en *Letras Libres*, núm. 15, marzo de 2000.

La obra de Sheridan es excelente para los meses que Paz pasó en la Guerra Civil en España, pero también *Itinerario* tiene varios datos de interés. Con todo, para mí lo más revelador fue la obra que Elena Garro publicó en 1992: *Memorias de España, 1937*, Siglo XXI Editores. Estoy persuadido de que es una fuente primaria y en general confiable (salvo en las alusiones íntimas) sobre esa etapa fundamental en el desarrollo intelectual de Paz. Muy útil fue también *Octavio Paz en España, 1937*, antología de textos y poemas prologada por Danubio Torres Fierro, México, Fondo de Cultura Económica, 2007.

Entre 1938, cuando regresa de España, y 1944, cuando parte a San Francisco que sería la primera estación de un largo exilio, Paz publicó ensayos y artículos en varios periódicos (*El Popular, Novedades*), revistas publicadas por amigos mexicanos (*Futuro, Letras de México, Tierra Nueva*), en *Sur*, la revista literaria argentina, y en dos importantes revistas mexicanas que dirigió: *Taller* (1938-1941) y *El Hijo Pródigo*, que Paz dirigió en sus primeros números (1943). Una parte de esos textos está recogida en *Primeras letras*. Para el tono de la época alrededor de la Segunda Guerra Mundial, además de los artículos combativos de Paz en *El Popular* (como «Las enseñanzas de una juventud», 23 de julio y 3 de agosto de 1938), aproveché editoriales de ese periódico y textos de amigos de Paz en ese mismo diario: Octavio Novaro, «La Nueva Educación en

Alemania», 24 de julio de 1938; Ángel Miolán, «Habla León Felipe», 29 de agosto de 1938; José Alvarado, «Generación de impostores», 23 de agosto de 1939; Alberto Quintero Álvarez, «La paz por la juventud», 24 de julio de 1938; y «Resonante triunfo de la URSS en beneficio de la paz mundial», titular del 23 de agosto de 1939. Un retrato significativo del joven Paz en esos años es «Imagen primera del poeta», de José Luis Martínez, en *Luz espejeante. Octavio Paz ante la crítica*, selección y prólogo de Enrico Mario Santí, México, UNAM y Ediciones Era, 2009. La trayectoria de Paz como maestro y en la burocracia la compulsé en el Archivo Histórico de la Comisión Nacional Bancaria y en el Archivo Histórico de la Secretaría de Educación Pública.

El encuadre de la cultura y la vida literaria a partir de 1941 (en tiempos de Manuel Ávila Camacho) proviene de varias fuentes escritas y orales, entre ellas mi libro *Daniel Cosío Villegas. Una biografía intelectual* y el ensayo «Cuatro estaciones de la cultura mexicana», en *Mexicanos eminentes*, México, Tusquets, 1999. Entre las crónicas más útiles para la época está la de José Luis Martínez «La literatura mexicana en 1942», *Literatura Mexicana, siglo XX, 1910-1949*, México, Antigua Librería Robredo, 1949. Otras fuentes: Elena Poniatowska, *Juan Soriano, niño de mil años*, México, Plaza y Janés, 1998; los artículos de Paz sobre Soriano (reunidos en *Los privilegios de la vista*) y sus puntuales balances editoriales en «Antevíspera: *Taller*, 1938-1941» y «Poesía e historia (Laurel y nosotros)», ambos reunidos en *Sombras de obras*, Barcelona, Seix Barral,

1983. El *affaire* Neruda-Paz está sabrosamente narrado en la obra citada de Sheridan y en Gerardo Ochoa Sandy, «Cuando los intelectuales llegan a las manos. Los pleitos a bofetadas de Neruda-Paz, Novo-Usigli, Arreola-Rulfo, Cuevas-Icaza y García Márquez-Vargas Llosa» en *Proceso*, 26 de diciembre de 1992. La película *El rebelde* de 1943, basada en un guión de Jean Malaquais y dirigida por Jaime Salvador, contiene dos sorprendentes canciones de Paz, y se puede conseguir con facilidad. El testimonio más revelador sobre su actitud crítica ante el *establishment* cultural y político mexicano está en su correspondencia con Octavio Barreda. Para su posición intelectual y política (ya en una primera transición heterodoxa), la carta a Victor Serge del 6 octubre de 1944 (que me proporcionó Adolfo Gilly). Sus artículos sobre Revueltas, Vasconcelos, Pellicer, Cernuda, José María Velasco, «Poesía de comunión y poesía de soledad», etc., están recogidos en *Primeras letras*.

La estancia de Paz en San Francisco está cubierta en *Crónica trunca de días excepcionales*, México, UNAM, 2007, y en Froylán Enciso, *Andar fronteras. El servicio diplomático de Octavio Paz en Francia (1946-1951)*, México-Buenos Aires-Madrid, Siglo XXI, 2008. Las cartas a Barreda son testimonio de primera mano sobre su estado de espíritu, y sobre todo su carta a Victor Serge. Para su tránsito por Nueva York y la larga etapa parisina extraje información del libro de Rosas Lopátegui y (con prevención crítica) de las memorias de la hija de Octavio Paz y Elena Garro, Helena Paz Garro: *Memorias*, México, Océano, 2003. La edición que utilicé para el análisis de *El laberinto de la soledad* fue la primera, de Cuadernos Americanos, publicada en 1949. Sobre el impacto del libro: José Vasconcelos, «Octavio Paz» en *Todo*, 6 de abril de 1950, y Alejandro Rossi: «50 años [de] *El laberinto de la soledad*» en *Letras Libres*, núm. 120, diciembre de 2008.

Sobre la redacción de *El laberinto de la soledad* está el citado prólogo de Santí y la entrevista de Claude Fell a Octavio Paz: «Vuelta a *El laberinto de la soledad*» en *Plural*, noviembre de 1975. Sobre la vida en París, un testimonio clave son las cartas cruzadas con José Bianco. Hay también información útil en la correspondencia con Alfonso Reyes y en los libros de Garro y de Paz Garro. Sobre su vínculo con Buñuel: Octavio Paz, «Buzón entre dos mundos. De Octavio Paz a Luis Buñuel» en *Vuelta*, núm. 201, agosto de 1993; y José de la Colina: «Buñuel/Paz: Vasos comunicantes» (manuscrito). Sus principales ensayos de los cincuenta están en *Las peras del olmo*, Barcelona, Seix Barral, 1957. Su texto sobre los campos de concentración en la URSS que apareció por primera vez en octubre de 1950 en *Sur*, se recogió en *El ogro filantrópico: historia y política (1971-1978)*, México, Joaquín Mortiz, 1979. Para su vida cotidiana, literaria y diplomática durante los años cincuenta en México, las cartas con Bianco son fundamentales. También Elena Poniatowska, *Las palabras del árbol*, México, Joaquín Mortiz, 2009. Detalles de su vida con Garro en María Zambrano, *Esencia y hermosura. Antología*, Barcelona, Galaxia Gutenberg, 2010. Sus inquietudes editoriales en los cincuenta están en las cartas a Bianco, y en los sesenta en *Octavio Paz-Ar-*

naldo Orfila. Cartas cruzadas, México, Siglo XXI, 2006. Su vínculo editorial con Francia: Octavio Paz, *Jardines errantes. Cartas a J. C. Lambert 1952-1992*, Barcelona, Seix Barral, 2008. Y con España: Octavio Paz, *Memorias y palabras. Cartas a Pere Gimferrer, 1966-1997*, Barcelona, Seix Barral, 1999. Para su posición en la literatura mexicana de los años sesenta, «De José Gaos a Octavio Paz», 12 de diciembre de 1963, archivo de El Colegio de México; «Efraín Huerta enjuicia a los escritores mexicanos de hoy» en *El Heraldo de México*, 8 de mayo de 1966; Juan García Ponce, «Figura de poeta», en «Homenaje a Octavio Paz» en *La Cultura en México*, suplemento de *Siempre!*, México, 16 de agosto de 1967; Elena Poniatowska, «Octavio Paz ante el detector de mentiras» en *Siempre!*, 18 de octubre 1967. Sobre su latente simpatía revolucionaria en los años cincuenta conversé con José de la Colina. Para su distancia crítica con la Revolución cubana, dos trabajos de Rafael Rojas: «Lecturas cubanas de Octavio Paz» en *Vuelta*, núm. 259, junio de 1998, y «El gato escaldado. Viaje póstumo de Octavio Paz a La Habana», Anuario de la Fundación Octavio Paz, núm. 1, 1999. Para su vida cotidiana en los años sesenta en la India, consulté la correspondencia inédita de Paz con José Luis Martínez. También conversé con su esposa Marie José. Sus ensayos principales de la época –incluido su texto sobre la rebeldía, la rebelión y la revolución– están en *Corriente alterna*, México, Siglo XXI, 1967.

El entusiasmo de Paz con el movimiento estudiantil de 1968 está reflejado en su correspondencia con José Luis Martínez y sobre todo en sus cartas a Charles Tomlinson (12 de junio, 3 de agosto y 27 de septiembre de 1968, todas en la Universidad de Texas en Austin). Varios textos suyos aluden directamente al tema, en especial en *Postdata*, México, Siglo XXI, 1970. Su relación con el gobierno mexicano y en particular con la Secretaría de Relaciones Exteriores, en el archivo Antonio Carrillo Flores en Condumex, recogida en «Un sueño de libertad: Cartas a la Cancillería» en *Vuelta*, núm. 256, marzo de 1998. Su vínculo con Revueltas en José Revueltas, *Las evocaciones requeridas*, *Obras completas,* tomos 25 y 26, Ediciones Era, 1987. Su principal crítica al régimen en esos años en *Postdata*. Sobre su postura al llegar a México en 1971: Jacobo Zabludovsky, «Echeverría, un hombre que sabe escuchar el rumor de la historia, declara Octavio Paz» en *Siempre!*, México, 14 de abril de 1971, y «Respuestas a diez preguntas», julio de 1971, recogido en *El ogro filantrópico*.

A partir de la fundación de *Plural*, incorporo hechos y atmósferas que viví personalmente. En primer lugar como adversario de Paz, a quien Héctor Aguilar Camín y yo criticamos en *Siempre!* (*La Cultura en México*, agosto de 1972). La respuesta no se hizo esperar: «La crítica de los papagayos» en *Plural*, núm. 11, agosto de 1972. Sobre la fundación de *Plural* hablé con el propio Paz, con Gabriel Zaid, Alejandro Rossi y Julio Scherer. La importante obra crítica de Gabriel Zaid en los años de *Plural* está en *Cómo leer en bicicleta*, México, Joaquín Mortiz, 1975, y *El progreso improductivo*, México, Siglo XXI, 1979. La obra de Alejandro Rossi en *Plural* se reunió en *Manual del distraído*, México, Joaquín Mortiz, 1978. Para el trabajo cotidiano en *Plural* son reveladoras las *Cartas a Tomás Segovia (1957-1985)*, México, Fondo de Cultura Económica, 2008. Para la historia de la revista *Plural*, John King publicó «Política en *Plural* (1971-1976)» en *Letras Libres*, núm. 112, abril de 2008. Casi todos los combativos ensayos y artículos publicados entre 1971 y 1975 en *Plural*, en diarios o en entrevistas que cito en mi texto están en *El ogro filantrópico*. Entre ellos: «Carta a Adolfo Gilly», 5 de febrero de 1972; «Debate: presente y futuro de México», marzo de 1972; «¿Por qué Fourier?», agosto de 1972; «Los escritores y el poder», octubre de 1972; «La mesa y el lecho», octubre de 1972; «La letra y el cetro», octubre de 1972; «El parlón y la parleta», marzo de 1973; «Aterrados doctores terroristas», junio de 1973; «Los centuriones de Santiago», agosto de 1973; «Nueva España: orfandad y legitimidad», octubre de 1973; «A cinco años de Tlatelolco», octubre de 1973; «Polvos de aquellos lodos», marzo de 1974, y «Gulag: Entre Isaías y Job», diciembre de 1975.

Para la vida de Cosío Villegas repasé mi libro *Daniel Cosío Villegas. Una biografía intelectual*. El obituario de Paz sobre Cosío: «Las ilusiones y las convicciones» en *Plural*, abril de 1976. El poema autobiográfico «Nocturno de San Ildefonso» apareció en *Plural* y en su libro *Vuelta*, Barcelona, Seix Barral, 1976. Los prolegómenos de la vuelta definitiva de Octavio Paz a México están en sus *Memorias y palabras. Cartas a Pere Gimferrer 1966-1997*, Barcelona, Seix Barral, 1999. El mismo tema, tratado poéticamente, está en *Pasado en claro*, México, Fondo de Cultura Económica, 1975, y en los poemas de *Vuelta*. Su retrospectiva de *El laberinto de la soledad* en la entrevista con Claude Fell data de esos meses.

Conocí a Octavio Paz la mañana del 11 de marzo de 1976, en el funeral de Daniel Cosío Villegas, que había sido mi maestro. A raíz del fin de *Plural* —revista en la que yo ya escribía— me acerqué al grupo que planeó con Paz la publicación de *Vuelta*. Mi incorporación a esa revista como secretario de redacción ocurrió a principios de 1976. Mi relación con la revista y con Paz duró hasta su muerte en abril de 1998. Muchos datos y episodios que narro aquí son de primera mano.

Sus primeros textos polémicos en *Vuelta* los reunió en *El ogro filantrópico*. Entre estos textos destacan «Vuelta», diciembre de 1976; «Discurso en Jerusalén», julio de 1977; «La universidad, los partidos y los intelectuales», septiembre de 1977, y el ensayo «El ogro filantrópico», agosto de 1978. Todos ellos y la entrevista que le hizo Julio Scherer («Suma y sigue» en *Proceso*, 5 y 12 de diciembre de 1977) provocaron la sonada polémica con los intelectuales de izquierda, en particular con Carlos Monsiváis. Los textos de Monsiváis y Paz aparecieron en *Proceso*, semana a semana, entre el 19 de diciembre de 1977 y el 23 de enero de 1978. También, el texto de Héctor Aguilar Camín, «El apocalipsis de Octavio Paz» en *Nexos*, octubre de 1978. El episodio de la amenaza guerrillera está en «Los motivos del lobo» en *Vuelta*, 18 de septiembre de 1978. El libro de

Xavier Rodríguez Ledesma, *El pensamiento político de Octavio Paz*, México, UNAM y Plaza y Valdés, 1996, recoge con amplitud la polémica.

El libro *Sor Juana Inés de la Cruz o las trampas de la fe* lo publicaron Seix Barral en 1982 y el Fondo de Cultura Económica en 1983. El ensayo «Cristianismo y revolución», sobre José Revueltas, está en *Hombres en su siglo*, Barcelona, Seix Barral, 1984. Los ensayos de Gabriel Zaid sobre la guerrilla en El Salvador y la falta de elecciones en Nicaragua que provocaron las grandes polémicas con la izquierda en los años ochenta están en *De los libros al poder*, México, Grijalbo, 1988. Los ensayos políticos de Paz en la misma etapa («PRI: Hora cumplida», su discurso en la Feria del Libro de Frankfurt) están reunidos en *México en la obra de Octavio Paz: El peregrino en su patria*. Mi texto «Por una democracia sin adjetivos», que también provocó polémicas, apareció en *Vuelta*, núm. 86, enero de 1984. Las principales polémicas que se dieron entre las revistas *Nexos* y *Vuelta* se reflejaron fielmente en la revista *Proceso*, y en otras publicaciones como *Unomásuno* y *La Jornada*. La visión internacional de Paz a punto de cumplir los 70 años está en *Tiempo nublado*, Barcelona, Seix Barral, 1983. Aproveché la reseña que escribí sobre ese libro, que apareció traducida en *Salmagundi* (primavera–verano de 1986). Mi entrevista biográfica con Paz ocurrió en marzo de 1984, y la recogí en *Travesía liberal*, México–Barcelona, Tusquets, 2003. Los textos incidentales de Paz sobre el sexenio de Carlos Salinas de Gortari y la caída del Muro de Berlín están en *Pequeña crónica de grandes días*, México, Fondo de Cultura Económica, 1990. Su discurso con ocasión del Premio Tocqueville es «Poesía, mito, revolución» en *Vuelta*, núm. 152, julio de 1989. Del «Encuentro Vuelta: La experiencia de la libertad» se publicaron memorias en siete volúmenes (México, Vuelta, Fundación Cultural Televisa y Espejo de Obsidiana Ediciones, 1991). También la introducción de Paz: «El siglo xx: La experiencia de la libertad» en *Vuelta*, núm. 167, octubre de 1990. Sobre el levantamiento del EZLN, Paz escribió en *Vuelta*: «Chiapas, ¿nudo ciego o tabla de salvación?», febrero de 1994; «Chiapas: hechos, dichos, gestos», marzo de 1994, y «La selva lacandona», febrero de 1996. Sus palabras a Marie Jo, las escuché personalmente.

Índice onomástico